FRANKREICH

7 ABBILDUNGEN, 2 KARTEN

BELGIEN

DEUTSCHLAND

LUXEMBURG

iens

Reims

Nancy   Straßburg

is

eine

Mosel

s

Dijon

SCHWEIZ

ermont-Ferrand   Lyon

ITALIEN

Grenoble

Rhône

Nîmes   Avignon   Nizza

Arles

Perpignan   Marseille   Toulon   Bastia

Korsika

Ajaccio

M i t t e l m e e r

JOHANNES WILLMS

FRANKREICH

C.H.BECK

HERAUSGEGEBEN VON
Helmut Schmidt und
Richard von Weizsäcker

HELMUT SCHMIDT
RICHARD VON WEIZSÄCKER

GELEITWORT

Zum ersten Mal seit vielen Jahrhunderten herrscht heute Frieden in
Europa. Aus freiem Willen und ohne Zwang von außen haben wir
uns als Nationen auf einen unumkehrbaren Weg gemacht, der weltweit ohne Beispiel ist. Im Jahre 1950 begann die europäische Integration zwischen sechs Ländern. Inzwischen hat sie sich zu einer
Union von 27 Ländern entwickelt. Die Hälfte der Mitgliedsstaaten
hat heute eine gemeinsame Währung.

Für Europa gab es auf diesem Weg große Erfolge und in Verbin-
dung mit ihnen neue Schwierigkeiten. Immer mehr Länder suchten
die Mitgliedschaft und wurden aufgenommen. Umso deutlicher
wurde der dringende Bedarf nach gemeinsamer europäischer Handlungsfähigkeit, bis hin zum Fernziel einer gemeinsamen Außenpolitik. Zuletzt haben dies die Auseinandersetzungen um eine europäische Verfassung deutlich genug gezeigt.

Für eine weitsichtige politische Führung spielt das Bewusstsein
der Bürger in unseren Ländern eine prägende Rolle. In Europa leben
zahlreiche Völker mit ihrer zum Teil über tausendjährigen Geschichte. Sie haben vielfältige gemeinsame kulturelle und religiöse
Wurzeln und sind zugleich durch eigenständige Sprachen und
Heimatgefühle gekennzeichnet. Die Bildung eigener Nationen ist
dabei zu einem Charakteristikum des europäischen Kontinents
geworden.

Unsere Reihe «Die Deutschen und ihre Nachbarn» soll einen Beitrag dazu leisten, das Verständnis für die jeweiligen Nachbarländer

in Europa zu vertiefen. Dies gilt vor allem für uns Deutsche, die wir neun unmittelbare Nachbarnationen haben, mit denen wir heute zum ersten Mal in unserer Geschichte zusammenleben, ohne uns gegenseitig zu bedrohen. Ein besseres Verständnis unserer Nachbarn hilft uns auch, uns selbst besser einzuschätzen, indem wir uns durch die Augen unserer Nachbarn betrachten und uns vergegenwärtigen, welche historischen Erfahrungen sie mit uns gemacht haben.

Es geht uns in unserer Reihe darum, der Leserschaft auf knappe und anschauliche Weise Einblick in Politik, Gesellschaft und Kultur der jeweiligen Nachbarländer zu geben. In ihren nationalen Besonderheiten wird dadurch auch ihr Verhältnis zu Deutschland besser verständlich. Es gilt, zu erkennen, was das nachbarliche Gemeinwesen ausmacht und in seinem Inneren zusammenhält, aber auch, welchen besonderen Herausforderungen es ausgesetzt ist. Dabei spielt die Geschichte eine besonders wichtige Rolle. Sie bedarf dort, wo sie Land und Leute bis heute nachhaltig prägt, der Erinnerung auch über die Landesgrenzen hinweg.

Es ist nicht das Ziel unserer Reihe, lexikalisches Grundwissen zur politischen Bildung zu vermitteln. Uns geht es vielmehr um lebendige Anschauung der Lebensverhältnisse bei den Nachbarn, auch um unsere Kenntnisse über das hinaus zu vertiefen, was wir auf vielerlei Reisen in uns aufnehmen. Es gilt, uns auch von mancherlei Vorurteilen untereinander zu befreien.

Wir freuen uns, dass hervorragend ausgewiesene Kenner für «Die Deutschen und ihre Nachbarn» zur Feder greifen und ihr in Jahrzehnten erworbenes Wissen weitergeben. Wir sind dankbar dafür, dass hier Publizisten und Wissenschaftler zusammenwirken und uns ihre unterschiedlichen Einsichten nahebringen. Gerade ihr persönlicher Blickwinkel erscheint uns besonders reizvoll.

Die Bände dieser Reihe zeigen uns, dass Europa weit davon entfernt ist, sich in eine Monokultur zu verwandeln. Es gilt, seine reichen historisch-kulturellen Ressourcen in unserem Jahrhundert für ein geeintes Europa politisch fruchtbar zu machen. Herausgeber und

Autoren verbindet die Überzeugung, dass der Weg zu einem wirklich handlungsfähigen und starken Europa nur durch vertiefte Kenntnisse über unsere europäischen Nachbarn und über uns selbst erfolgreich zurückgelegt werden kann.

EINLEITUNG

Frankreich ist ein Land mit einer sehr alten Geschichte und einem immensen kulturellen Reichtum, die in dem mit dieser Reihe vorgegebenen bescheidenen Umfang darzustellen, dem Versuch gliche, den Kreis zum Quadrat zu machen. Aus dieser Not suchte der Autor der vorliegenden Darstellung eine Tugend zu gewinnen, indem er sich auf eine problemorientierte Darstellung des modernen Frankreich seit Beginn der III. Republik von 1870 beschränkte. Das wird ebenso zu Kritik herausfordern wie der weitere Umstand, dass selbst dieser eingegrenzte Zeitraum nicht erschöpfend behandelt werden konnte. Der Kenner Frankreichs wird deshalb manches vermissen, ein Liebhaber des Landes an mancher Wertung Anstoß nehmen, das breite Publikum aber möglicherweise dennoch den Gewinn der einen oder anderen Einsicht daraus ziehen können.

Eine weitere Schwierigkeit ist, dass über Frankreich zwar viele Bücher veröffentlicht wurden, aber keine landeskundliche Darstellung, die sich nach Anspruch, Qualität und Umfang mit jenem zweibändigen Werk vergleichen ließe, das Ernst Robert Curtius und Arnold Bergsträsser 1931 über Kultur, Staat und Wirtschaft Frankreichs veröffentlichten, oder mit dem in vielen Auflagen vor wie nach dem Zweiten Weltkrieg erschienenen Essay von Friedrich Sieburg mit dem sprichwörtlichen Titel *Gott in Frankreich?* Unter der neueren Frankreich-Literatur ragen die Schriften zweier deutscher Emigranten hervor, die als Kinder im Nachbarland Schutz vor rassistischer Verfolgung fanden: Alfred Grosser und Joseph Rovan. Damit sind die

Riesen benannt, auf deren Schultern der Autor des vorliegenden Buchs stand, für dessen Unzulänglichkeiten er jedoch die alleinige Verantwortung trägt.

Paris, im Juli 2008

I

DIE SCHULE
DER NATION

Frankreich, so eine weit verbreitete Vorstellung, besitze ein politisch-
historisches Selbstbewusstsein, das in Jahrhunderten kontinuierlich
gewachsen der französischen Nation eine Identität aus einem Guss
verschafft hat. Diesen Eindruck erweckte die Außenansicht eines
französischen Nationalismus, der, wie es sich gehört, die Stärken,
Vorzüge wie eben auch die Geschichte des Landes als einmalig und
für alle anderen vorbildlich darzustellen sucht. Da dies stets mit
demselben Tenor vorgetragen wird, ließ sich leicht übersehen und
überhören, dass es sich dabei in Wirklichkeit um die sehr unterschiedliche Botschaft wenigstens zweier Nationalismen handelt, die
sich die längste Zeit spinnefeind waren: eines Nationalismus der
Rechten und eines Nationalismus der Linken.

DIE «ZWEI FRANKREICH»

Beide Nationalismen stehen ein für die «zwei Frankreich», die seit
der Revolution von 1789 für gut 160 Jahre, bis zur Gründung der
V. Republik durch Charles de Gaulle 1958, das politische Geschehen
in Frankreich beeinflussten und die Ursache dafür waren, dass hier
immer wieder Revolutionen ausbrachen, reaktionäre und autoritäre,
liberale und demokratische Regime im bunten Wechsel einander
ablösten. Diese erbitterte Konkurrenz, die sich die Rechten – die
Monarchisten, Bonapartisten, Legitimisten, Konservativen sowie
Gaullisten – und die Linken – die Jakobiner, Liberalen, Republikaner,
Kommunisten und Sozialisten – lieferten, wurde auch mit unter-

schiedlichen Geschichtsbildern ausgefochten, nahm doch jede Seite für sich in Anspruch, dass der von ihr propagierte Deutungsanspruch als Grundlage der französischen Identität zu gelten habe. Ihren Höhepunkt erlebte diese ideologisch-politische Auseinandersetzung im späten 19. Jahrhundert, als die III. Republik versuchte, ein ihr gemäßes Geschichtsbild als Grundlage republikanischer Identität durchzusetzen. Das provozierte teilweise heftige Widerstände, die letztmalig mit dem Vichy-Regime als politischer Geltungsanspruch triumphierten, das sich die doppelschneidige Streitaxt der Gallier, die *francisque*, im römischen Liktorenbündel als Staatssymbol zulegte.

Seither hat diese Konkurrenz, in der die «zwei Frankreich» sich unversöhnlich gegenüberstanden, erheblich an Brisanz verloren und wird, sieht man von der extremen Rechten und Linken einmal ab, nur noch in akademisch-kulturellen Kontroversen gepflegt, die keinen Regimewechsel mehr im Schilde führen. Daran zeigt es sich, dass die von der Revolution freigesetzten Energien erst lange nach dem Ende ihrer Epoche endgültig aufgebraucht waren, wie umgekehrt die Gegensätze, die sich in ihr entluden, sich auch schon lange vor ihrem Ausbruch einschärften. Ein kurioses Beispiel dafür liefert die konfliktträchtige Konkurrenz zwischen Adel und Drittem Stand, die, als sie sich im Laufe des 18. Jahrhunderts steigerte, argumentativ bis in die fernste Vergangenheit verlängert wurde. Der französische Adel begriff sich als die Nachkommenschaft der aus Germanien stammenden Franken, die im frühen Mittelalter das Land erobert und die hier lebenden Gallier, die zuvor schon von den Römern unterworfen worden waren, zu ihren Untertanen gemacht hatten.

Damit war die Rollenverteilung in Herren und Knechte aus Sicht des Adels historisch eindeutig entschieden. Dagegen verwahrte sich *abbé* Emmanuel Joseph Sieyès in seinem berühmten, 1789 publizierten Pamphlet, das der brennenden Frage *Qu'est-ce que le tiers état? –* «Was ist der Dritte Stand?» – gewidmet war. Sieyès stellte diese historisch fragwürdige, aber seit langem eingelebte Interpretation jedoch keineswegs in Frage, sondern appellierte vielmehr an die vermeintlichen Nachfahren der Gallier, den Dritten Stand, den Adel einfach des Landes zu verweisen, ihn wieder in die germanischen Sümpfe und Wälder zurückzujagen.

Auch wenn die Revolution die meisten Adeligen zur Emigration zwang, wurde damit die Konkurrenz noch keineswegs endgültig zu Gunsten der Gallier bzw. der Angehörigen des Dritten Stands entschieden, die nun mit gesteigertem Selbstbewusstsein darauf beharrten, das «Urvolk» zu sein. Ein entsprechender Anspruch wurde von Théophile Malo de La Tour d'Auvergne, einem Heros der Revolutionskriege, in einer 1797 veröffentlichten Schrift, in der er die Gallier als «unsere Vorfahren» glorifizierte, erstmals systematisch entwickelt. Das blieb jedoch nicht unwidersprochen, denn kaum dass die Revolutionsepoche nach dem Sturz Napoleons 1814 von der gegenrevolutionären Restauration abgelöst wurde, charakterisierte Graf François de Montlosier in einer dreibändigen Abhandlung über die Geschichte der französischen Monarchie die große Masse seiner Landsleute als Nachkommen von befreiten Sklaven, die mit ihren einstigen Herren, den Angehörigen des fränkischen Adels, nichts gemein hätten, außer fortwährenden Auseinandersetzungen, in die sie verstrickt gewesen seien.

Das blieb natürlich nicht das letzte Wort in dieser absurden Kontroverse, in der schließlich die Anwälte der Gallier in der III. Republik den Sieg über ihre Widersacher davontrugen. Camille Jullians achtbändige zwischen 1908 und 1926 erschienene *Histoire de la Gaule* beschwor wortmächtig die Geschichte dieses Frankreich ohne Franzosen, das mit dem Frankreich der III. Republik aber einen entscheidenden Wesenszug gemein hatte: den Hass auf die Germanen, deren Quadratschädel sich von den Rundköpfen der Gallier deutlich unterschieden. Die von Jullian letztgültig kanonisierte Mähr, die Gallier seien die Vorfahren der Franzosen, die trotz der vernichtenden Kritik der Historiker an den Schulen für Generationen gelehrt wurde – «Unsere Vorfahren, die Gallier» –, lebt bis heute nicht nur in der Witzfigur eines Asterix fort. Der steht ein für eine Botschaft, die der einstige Premier und unterlegene Präsidentschaftskandidat Edouard Balladur allen Ernstes einmal mit den Worten umriss: «Der Kampf gegen die römische Eroberung vor zweitausend Jahren verschaffte Gallien das erste Empfinden seiner Einheit.»

Ein anderes Beispiel für die Zähigkeit dieser Tradition ist das Wappentier der französischen Republik, der Hahn, lateinisch *gallus*. In den Eroberungskriegen, die französische Könige im Mittelalter in Italien und Flandern führten, wurden sie von ihren Gegnern in Wort und Bild als Hahn, als Herrscher im Hühnerhof, verspottet. Um dieser Häme die Spitze zu nehmen, kamen die Propagandisten der französischen Monarchie seit dem 14. Jahrhundert auf den Einfall, den Spott einfach umzukehren und den Hahn als ein positiv besetztes Emblem des französischen Königtums zu verwenden. Besonderer Beliebtheit erfreute sich der Hahn unter Ludwig XIV., der in der Emblematik seiner Herrschaft die Nation versinnbildlichte und der komplementär der Sonne, seiner persönlichen Devise, zugeordnet war. In dieser emblematischen Zuordnung hat der Hahn nicht nur die Revolution überlebt, sondern avancierte, nach dem napoleonischen Zwischenspiel, bei dem er durch den Adler verdrängt wurde, und der anschließenden Restauration der Monarchie, von der wieder die Lilien bevorzugt wurden, mit der Juli-Revolution von 1830 zu einem der Symbole des französischen Staates, das dann von der kurzlebigen II. Republik von 1848 zum Wappentier im offiziellen Staatssiegel erhoben wurde. Nach dem Zweiten Kaiserreich, das wieder den Adler bevorzugte, kehrte mit der III. Republik der Hahn im Triumph zurück. Seither ist der «Adler der Armen», von dem Spötter sagen, es sei der einzige Vogel, der singe, wenn er auf dem Mist steht, wieder figurativer Bestandteil des französischen Staatssiegels.

Dass jenes simple Verständnis der eigenen Geschichte längst Allgemeingut ist, zeigt die im Frühjahr 2008 mit beträchtlichem Erfolg von der Pariser Zeitung *Le Monde* und dem Verlag Larousse in 16 Bänden lancierte Edition von *L'Histoire de France en bandes dessi-*

nées, eine Geschichte Frankreichs als Comicstrip, deren Bilder ein Geschichtsbild vorstellen, das von Vercingetorix bis zum Mai 68 reicht. Daran wird aber auch deutlich, dass die einstige Konkurrenz zweier Geschichtsbilder nicht nur ihre einstige Brisanz verloren hat, sondern auch in dem Anspruch aufgegangen ist, der für die französische Kultur eine besondere Ausnahmestellung behauptet, die es um jeden Preis zu verteidigen gilt. Dieser Anspruch auf die *exception de la culture française*, auf den «Sonderfall der französischen Kultur» ist heute das Feldzeichen, das die französische Identität ausmacht: Der Stolz auf ein immenses historisches und kulturelles Erbe einer Nation *une et indivisible*, mit dem sich Franzosen aller politischen Lager und Weltanschauungen identifizieren und dessen Wahrzeichen die *lieux de mémoire* sind, die Topoi, zu denen die konkurrierenden Erinnerungen der «zwei Frankreich» geronnen sind und unter diesem Prozess ihre einstige Schärfe verloren haben.

Die Kontroverse zwischen «Franken» und «Galliern» war nur eine der Linien in dem Konfliktmuster, das in Frankreich bis zum Beginn des «Großen Kriegs» von 1914 besonders virulent war. Revolutionäre und Gegenrevolutionäre, Linke und Rechte, Republikaner und Monarchisten, Bonapartisten und Legitimisten, Liberale und Konservative suchten dabei die «Richtigkeit» ihrer konkurrierenden politischen Geltungsansprüche mit einander widersprechenden Interpretationen der nationalen Geschichte zu erweisen. Diese keineswegs nur akademischen, sondern mit großer ideologischer Erbitterung ausgefochtenen Auseinandersetzungen waren unvermeidlich, denn die Revolution von 1789 hatte mit ihrer Erfindung des Nationalstaats eine tiefreichende Bewusstseinskrise ausgelöst, die zu überwinden es eines langwierigen Prozesses bedurfte.

DIE SUCHE NACH EINER NATIONALEN IDENTITÄT

Statt der in Jahrhunderten eingelebten überwiegend lokalen Abhängigkeiten und Gebräuche, die das Sediment von Erinnerungen bildeten, die weitgehend unreflektiert als eine selbstverständliche Sinnstiftung Erfahrungsraum wie Erwartungshorizont der Menschen des *Ancien Régime* überwölbten, musste nun eine allgemeingültige, sprich nationale Identität entwickelt werden. Diese Aufgabe war von den Regimes, die entweder wie das napoleonische die Revolution überwinden oder die, wie die monarchische Restauration, das Rad einfach wieder zurückdrehen wollten, vernachlässigt worden. Das lieferte den Machthabern der III. Republik die Chance, sich von der Geschichtsschreibung eine nationale Identität auf den Leib des Regimes schneidern zu lassen. Um den Preis, dass sie die von ihnen stets behauptete Objektivität ihrer republikanischen Weltanschauung unterordneten, etablierte sich auch in Frankreich die Geschichtsschreibung als Wissenschaft und übernahm damit das bislang von der Theologie behauptete Deutungsmonopol. Wie ihr großes Vorbild, die um Leopold von Ranke gescharte Schule preußisch-deutscher Historiker, wurden auch die französischen Historiker zu Demiurgen einer nationalen Geschichte, indem sie die Nation nach der traumatischen Niederlage von 1870 und dem Verlust von Elsass-Lothringen wieder dadurch aufzurichten suchten, dass sie ein «ewiges Frankreich» beschworen, das bis zu «unseren Vorfahren, den Galliern» zurückreichte.

Als wie wichtig eine nationale Sinnstiftung für Wohl und Wehe der III. Republik von deren Machthabern eingeschätzt wurde, zeigt, dass die vielversprechendsten französischen Historiker wie Gabriel Monod (1844–1912), Ernest Lavisse (1842–1922) oder Charles Seignobos (1854–1942) gut dotierte Regierungsstipendien erhielten, um für mehrere Semester die an deutschen Universitäten gelehrte methodisch vorbildliche Geschichtswissenschaft zu studieren, die als beispielhaft für die eklatante preußisch-deutsche Überlegenheit auf den Schlachtfeldern des Kriegs von 1870 angesehen wurde. Es waren eben diese Historiker, die dann in großen Geschichtsfresken die Republik als die Erfüllung jenes Ideals darstellten, das der Revolution vorgeschwebt habe. Mit der Verbreitung dieser Deutung konnte begonnen werden, nachdem die III. Republik die Gefahrenzone einer monarchischen Restauration durchschritten hatte. Das war 1877 geschehen, als es den Republikanern gelang, den Monarchisten im Parlament die Mehrheit definitiv streitig zu machen. Aber erst als sie in den Wahlen vom Januar 1879 auch die Zweite Kammer, den Senat, endgültig unter ihre Kontrolle brachten, war der Triumph der konservativen Republikaner gesichert. Jetzt konnte man daran gehen, die Republik im öffentlichen Bewusstsein Frankreichs zu verankern, ihr jene Zustimmung auf Dauer zu verschaffen, deren Ausdruck die jüngsten Wahlergebnisse waren.

Für diese politische Pädagogik sind zunächst zwei Entscheidungen charakteristisch: der Erlass einer Amnestie für die einstigen Mitstreiter der Pariser *Commune* von 1871, von der man sich einen bedeutenden Beitrag versprach, die Nation auf die Republik zu verpflichten. Die zweite Entscheidung war das Gesetz, das den 14. Juli, den Jahrestag der Erstürmung der Bastille 1789, zum französischen Nationalfeiertag und die *Marseillaise*, den Schlachtengesang der Revolutionsarmeen, zur Nationalhymne erhob. Das bezweckte Integration, denn der Hauptakteur dieses Fest- und Feiertags blieb das Volk, die anonyme Menge. Indem man deren Opfermut und Heroismus glorifizierte, stellten die konservativen Republikaner ihre lauteren demokratischen Absichten unter Beweis.

Beide Entscheidungen waren symbolpolitische Wechsel, für die eine entsprechende Deckung erst noch geschaffen werden musste. Die bestand vor allem darin, eine überzeugende Antwort auf die Frage zu finden, wofür die Republik gegenwärtig und zukünftig einstehen und welchen Platz sie innerhalb der französischen Geschichte einnehmen sollte. In den politischen Auseinandersetzungen, die zwischen 1848 und 1879 ausgefochten wurden und die dem Ziel dienten, die Republik durchzusetzen, hatte sich eine spezifisch republikanische Ideologie entwickelt, die einerseits die Revolution von 1789 als *lieu de mémoire*, als Topos historiographischer Vergewisserung verehrte, und die andererseits unter Berufung auf die Revolutionsdevise von Freiheit, Gleichheit und Brüderlichkeit das Projekt einer demokratischen Gesellschaftsordnung nach dem Prinzip der Volkssouveränität zu verwirklichen suchte. Dementsprechend wurde die Republik als einzige legitime Form eines politischen Regimes verabsolutiert und das Eintreten für sie gleichbedeutend mit dem Bekenntnis zu einer neuen Zivilreligion gewertet.

Was jetzt noch fehlte, war diesen Anspruch legitimatorisch derart zu immunisieren, dass er nicht mehr durch konkurrierende politische oder weltanschauliche Geltungsansprüche in Frage gestellt oder als bloße Parteimeinung disqualifiziert werden konnte. Kurz, es galt, das Wesen der Republik zum Kern einer nationalen Identitätsstiftung zu machen, deren historische Fundamentierung weit über die Epochenschwelle der Revolution von 1789, die eben jene Spaltung in «zwei Frankreich» bewirkt hatte, in die Vergangenheit zurückreichte. Also musste nachgewiesen werden, dass die Republik der zeitgemäße politische Ausdruck eines Phänomens war, das zwar schon seit langem existierte, aber erst durch die Revolution zum Bewusstsein seiner selbst und damit auch zur Entfaltung seines bislang schlummernden Kräftepotentials gelangt war. Dieses Phänomen war die Nation, die von der Revolution aus ihrer Unmündigkeit befreit wurde, seither aber immer wieder daran gescheitert war, ihren Anspruch auf Freiheit zur Selbstbestimmung erfolgreich durchzusetzen.

Einen ersten Entwurf für eine solche Identitätsstiftung hat Ernest Renan in seiner berühmten Vorlesung an der Sorbonne vom März 1882 vorgelegt, in der er die Frage, was eine Nation ausmache, behandelte. Die Antwort, die Renan darauf gibt, ist zunächst einmal negativ und eine Absage an alle geläufigen Parteiansprüche. Eine Nation, so führte er zunächst aus, sei nicht das Ergebnis einer Sprache oder Rasse, von Religion oder Geographie, sondern vielmehr eine Seele, ein *principe spirituel*, in dem zwei Elemente miteinander verschmolzen seien: der allen gemeinsame Besitz einer reichen Erinnerung einerseits und das Verlangen andererseits, gemeinsam das empfangene Erbe fortzuführen. Die Erinnerung an Leiden, Freuden und Hoffnungen sei im Übrigen ein festeres Band als einheitliche Zölle oder Grenzen, die strategischen Vorstellungen genügten. Ja, gemeinsame Leidenserfahrungen einten sogar entschieden mehr als freudige Erinnerungen, denn nur jene stiften Verpflichtungen, machen gemeinsame Anstrengungen erforderlich. «Eine Nation ist deshalb eine große Solidargemeinschaft, die sich auf das Erlebnis von Opfern gründet, die man gemeinsam erbracht hat oder die man gewillt ist, auf sich zu nehmen. (...) Die Existenz einer Nation ist (...) das Ergebnis eines alltäglichen Plebiszits ...».

Daneben aber seien, so führt Renan an anderer Stelle aus, auch das Vergessen, ja selbst der historiographische Irrtum wichtige Faktoren bei der Schaffung einer Nation, weshalb Fortschritte im geschichtlichen Wissen diese häufig geradezu gefährdeten. Deshalb sei es für das Wesen einer Nation einerseits unverzichtbar, dass ihre Mitglieder vieles gemeinsam, aber auch, dass sie vieles vergessen haben. «Jeder Bürger Frankreichs sollte sich nicht mehr der Bartholomäusnacht oder der Massaker im Süden [i. e. die Albigenserkriege] während des 13. Jahrhunderts entsinnen.» Mit anderen Worten: Aus altem Streit und ungesühntem Unrecht sollten nicht Anlässe für aktuelle Konflikte abgeleitet werden. Diese Maßgabe, die vor allem die Erfahrungen verwarf, die bislang ein Scheitern der Republik verursacht hatten, wurde seither zu einer salvatorischen Klausel für eine kollektive Amnesie: Verirrungen und Verbrechen, die im Namen Frankreichs begangen worden waren, sollten mit Rücksicht auf die unbefleckte Reinheit der nationalen Identität tunlichst verschwiegen werden.

Die Pflicht des kollektiven Vergessens ist ein Strukturelement der französischen Identität, dem die kollektive Erinnerung an die eigene Größe, an die *grandeur*, komplementär ist. Das stiftete eine variable Geometrie, die eine staunenswerte und bis heute funktionierende Elastizität aufweist. Diese überdauerte alle Zusammenbrüche und Katastrophen, weil sie das Rezept lieferte für die Herstellung der moralischen Einheit der Nation. Wichtigstes Ingrediens dafür ist der Anspruch auf universale Gültigkeit jener Werte, die den Kernbestand des französischen Republikanismus ausmachen. Dieser Anspruch wird mit der geschichtsphilosophischen Gleichung «bewiesen», wonach republikanische Werte gleich französischen Werten sind, die ihrerseits identisch sind mit den seit je gültigen Werten der Menschheit, die von der vor allem französischen Aufklärung herausgearbeitet, durch die Erklärung der Menschenrechte kodifiziert und von der Revolution in die politische Praxis umgesetzt wurden.

Dieses Credo, das Republik und Nation in eins setzte und sie gleichzeitig universalisierte, galt es den Massen als säkulare Heilsbotschaft zu vermitteln. Die mussten allein schon deshalb gemäß den republikanischen Werten und Idealen erzogen werden, weil sie im Besitz des allgemeinen Männerstimmrechts waren. Das Versäumnis, die bäuerliche Bevölkerungsmehrheit nicht in diesem Sinne aufgeklärt zu haben, hatte das Schicksal der II. Republik besiegelt, denn es waren deren Stimmen, die Louis-Napoleon bei den Präsidentschaftswahlen am 10. Dezember 1848 zum Sieg verhalfen.

ERZIEHUNG ZUM PATRIOTISMUS

Diese Überlegungen gaben den Ausschlag für die Schaffung einer kostenlosen und allgemeinen Schulpflicht unter republikanischen, sprich strikt laizistischen Auspizien, die Ende März 1882 gesetzlich verankert wurde. Damit wurden zwei unmittelbar zusammenhängende Ziele verfolgt. Die strikt laizistische Erziehung sollte die dauerhafte Bestandssicherung der bürgerlichen Republik gegen klerikale wie monarchistische Geltungsansprüche auf der Rechten wie auch gegenüber den Drohungen einer sozialen Revolution seitens der Linken gewährleisten. Die Betonung des Laizismus, der 1886 durch ein weiteres Gesetz verschärft wurde, das die Ersetzung von Geistlichen durch ausnahmslos weltliche Lehrer an den öffentlichen Schulen bestimmte, wurde jedoch oft polemisch missverstanden. Die Absicht, die sich dahinter verbarg, war nicht, wie gerne unterstellt wird, schiere Glaubensfeindschaft, sondern das nach leidvoller Erfahrung verständliche Bestreben, die Religion zur Privatsache zu machen. Die

Republik ließ es sich deshalb angelegen sein, unbedingte Neutralität in Glaubensfragen zu beachten, die aber ausdrücklich nicht für ihre ureigensten Belange galt. Der für die Schule allein verantwortliche Staat erkannte es als seine vornehmste Aufgabe, eben die Ideen zu verteidigen, die ausschlaggebend sind für Ehre und Existenz des modernen Frankreich. In diesem Sinne war das unbedingte Eintreten für die Republik kein parteiliches Engagement, sondern staatsbürgerliche Pflicht.

Folgerichtig lautete der staatliche Erziehungsauftrag zum weiteren darauf, die republikanischen Grundwerte gesellschaftlicher Verantwortlichkeit, die Achtung vor Gesetz, Eigentum und der geltenden Gesellschaftsordnung zu vermitteln sowie zu einem Patriotismus zu erziehen, der sich aus einem besonderen Stolz auf die eigene Vergangenheit und die Vielgestaltigkeit des eigenen Landes nährte. Deshalb sei es die Aufgabe der republikanischen Schule, wie sie insbesondere von Jules Ferry postuliert wurde, nach allen Kämpfen und Konflikten die unvergängliche «Seele» Frankreichs wiederherzustellen. Das bedeute nichts weniger, als dass das moderne Frankreich, das durch die Revolution geschaffen worden war, sich auch des großen Erbes, das es dem *Ancien Régime* verdankte, bewusst blieb, zumal dieses die Nation geformt habe. Die Forderung mancher, den Geschichtsunterricht in der republikanischen Schule lediglich auf die Zeitgeschichte seit der Revolution zu beschränken, wurde von Jules Ferry mit beißendem Sarkasmus zurückgewiesen, denn es habe auch «vor 1789 anderes als nur Trauer und Schande» gegeben. Vielmehr gelte es Frankreich als eine «alte Mutter» zu zeigen, die eine «alte Geschichte» habe voller «alter Könige und großer Staatsmänner». Erst die Vermittlung dieser Kontinuität stifte die Gewissheit einer unauflöslichen Einheit, bringe die *nation une et indivisible* zur Vorstellung.

Während der Dauer einer Generation, von 1879 bis 1914, unternahm es die III. Republik, Frankreich buchstäblich neu zu erfinden, dem Land eine stabile und demokratische politische Kultur zu verschaffen, die allein Gewähr versprach, die seit 1789 herrschende

Instabilität zu bannen. Diese Anstrengung zielte auf nichts anderes als darauf, die Franzosen endlich mit den Errungenschaften der Revolution zu versöhnen, sie auf die Ideale von Freiheit, Gleichheit und Brüderlichkeit einzuschwören. Dem diente die Nationalhymne, die bei jeder sich bietenden Gelegenheit angestimmt wurde, das Spektakel der Paraden anlässlich des 14. Juli, der landesweite Bau neuer Rathäuser, die alle gut sichtbar mit der Revolutionsdevise *Liberté, Egalité, Fraternité* geschmückt wurden, oder die Einweihung von Büsten und Denkmälern, mit denen die Symbolgestalt des Bauernmädchens Marianne verherrlicht wurde, das sowohl *la patrie*, das Vaterland, wie auch die Revolution verkörperte.

Hochwillkommene Anlässe zur Selbstfeier der Republik boten schließlich auch die großen Jahrestage, die für immer aufwendiger choreographierte Massenaufmärsche, Paraden und Meere von Fahnen genutzt wurden. Den vergleichsweise noch bescheidenen Anfang dieser republikanischen Großrituale machte das Doppeljubiläum von Rousseaus und Voltaires einhundertstem Todesjahr 1878. Sieben Jahre später, 1885, war es der Tod Victor Hugos, der dem unterdessen gefestigten republikanischen Regime den Vorwand für das politpädagogische Schauspiel eines symbolgesättigten Staatsakts verschaffte, dem rund eine Million Menschen beiwohnte: Der Sarg Hugos wurde nicht nur unter dem Arc de Triomphe aufgebahrt, sondern von dort auch in feierlichem Geleit ins Pantheon überführt, das damit erneut in einen republikanischen Ehrentempel umgewandelt wurde. *Aux grands hommes la patrie reconnaissante* lautete nun die von Claude Emmanuel de Pastoret formulierte Giebelinschrift, nachdem das Pantheon zeit des Zweiten Kaiserreichs wieder als katholische Kirche genutzt worden war.

1889, der einhundertste Jahrestag der Revolution, war Anlass für zahllose Gedenkfeiern, die überall im Lande stattfanden und deren Höhepunkt häufig die Einweihung eines Denkmals darstellte. Dem verdankt sich beispielsweise der gewaltige Danton aus Bronze, den die Stadt Paris auf der Place de l'Odéon errichten ließ, während man sich in der Provinz, in Bordeaux, Lyon, Toulouse oder an anderen Orten, damit beschied, künstlerisch mehr oder weniger geglückte weibliche Verkörperungen der Republik auf Denkmalssockel zu hieven. Was auch immer an Mitteln und Ritualen bei diesen Festlichkeiten aufgeboten wurde, die symbolische Botschaft, die sie transportieren sollten, war stets die nämliche: Die Republik war der legitime Ausdruck des Volkswillens, insofern ihre Existenz das erfolgreiche Ende eines langen und heldenhaften Kampfes für Freiheit, Gleichheit und Brüderlichkeit gegen Willkür- und Privilegienherrschaft darstellte.

Besonders aufschlussreich für Radikalität und Zielsetzung der von der III. Republik verfolgten Kulturpolitik sind die Lehrstoffe des Unterrichts an Grund- und Mittelschulen, also den beiden Schultypen, deren Besuch entweder für alle französischen Kinder obligatorisch war oder die von den meisten, die vor dem Eintritt ins Berufsleben noch ein *collège* absolvierten, besucht wurden. Für jede der beiden Schulstufen sind Unterrichtswerke repräsentativ, die von geringfügigen inhaltlichen Veränderungen abgesehen Jahrzehnte in Gebrauch waren und deren Inhalte Generationen junger Franzosen mit den republikanischen Werten indoktrinierten.

Das an den Grundschulen als «republikanische Bibel» genutzte Lesebuch, das vor allem auch in bäuerlichen Familien zu einem «Hausbuch» avancierte, war die mit vielen Illustrationen geschmückte Erzählung *Le Tour de la France par deux enfants*. Sie war erstmals 1877 erschienen, als Verfasser firmierte ein gewisser G. Bruno, das Pseudonym von Augustine Fouillée. Seit den Schulreformen von 1882 wurde ihr Buch das für die *instruction morale et civique* gängige Unterrichtswerk. Spätere Auflagen dieses *livre de lecture courante cours moyen* schmückte deshalb die Devise *Devoir et Patrie*, Pflicht und Vaterland, womit das eigentliche Lernziel definiert wurde. Das Werk, von dem zwischen 1877 und 1887 über drei Millionen Exemplare abgesetzt wurden – 1901 waren es bereits mehr als sechs Millionen –, ist nichts weniger als ein republikanisches Vademecum. Die Schilde-

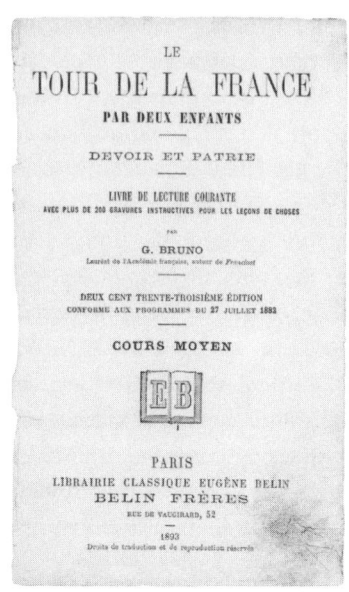

Le Tour de la France par deux enfants,
das Lesebuch republikanischer Kinder-
erziehung

rung der Erlebnisse zweier Waisenkinder, die nach dem Krieg von 1870/71 aus dem jetzt Preußen zugeschlagenen lothringischen Phals-bourg aufbrechen, sich nach Frankreich durchschlagen und das Land kreuz und quer durchwandern, ist einerseits Bildungsroman, andererseits Lebensratgeber, aber auch Handbuch zum Umgang mit Behörden, Geschichtsfibel und Erdkundebuch, es informiert über diverse Gewerbe, Industrien und die Landwirtschaft, erzählt, wie man mit Kühen und Ziegen umgeht, welche Produkte aus ihrer Milch in welchen Regionen hergestellt werden. Kurz, *Le Tour de la France* ist eine Frankreich gewidmete Enzyklopädie. Das wird vor allem auch durch den *livre du maître*, das für die Unterrichtsvorbereitung be-stimmte Begleitbuch für Lehrer, betont, in dem zu jedem Kapitel eine Fülle von Fragen formuliert werden, die zu einer Vertiefung des Lektüreerlebnisses nach moralischen, historischen, geographischen, naturwissenschaftlichen oder schlicht lebenspraktischen Kriterien auffordern.

Die pädagogische Absicht der Erzählung ist, wie leicht ersichtlich, ihren Lesern eine detaillierte und präzise Vorstellung von der vielfältigen Beschaffenheit Frankreichs zu vermitteln, dessen Bewohner eine Einheit, eine Nation bilden, obgleich sie unterschiedliche Mundarten sprechen oder durch unterschiedliche Mentalitäten gekennzeichnet sind. Diese Einsicht gewinnen die beiden jugendlichen Protagonisten ganz allmählich während ihrer Reise, die sie von Ost nach West, von Nord nach Süd kreuz und quer durch Frankreich führt und die schließlich in Paris endet. Unter der Lektüre geht auch dem Leser auf, dass selbst das abgelegene Dorf, in dem er lebt, durch ein Netz von Straßen, Kanälen und Eisenbahnlinien mit der fernen Metropole verbunden ist, ja dass die Regionen und Provinzen Frankreichs in einem regen Austausch von Produkten und von je besonderen Fertigkeiten stehen, das Land unbeschadet seiner Vielgestaltigkeit aus ein und dem selben Stoff geformt, mit der nämlichen Seele begabt ist.

Erstaunlich ist jedoch, dass der *Tour de la France*, bis zu den Ausgaben, die nach 1905 erschienen, zwar eine Fülle von Illustrationen aufwies, aber keine Frankreichkarte. Tatsächlich kam die politisch- oder physisch-geographische Vergewisserung des eigenen Landes im abstrahierenden Kartenbild erst nach der Mitte des 19. Jahrhunderts auf und blieb zunächst auf rein militärische Verwendung beschränkt. Das Phänomen wurde bereits von Goethe bemerkt, der die Franzosen deshalb einmal als das geistreichste, aber in Sachen der Geographie als das unwissendste Volk charakterisierte. Das erhellt *en passant*, wie leicht es fiel, den Franzosen die Mähr von den «natürlichen Grenzen» aufzubinden.

Die Phänomenologie Frankreichs, die in der *Tour de la France* entfaltet wurde, erlebte ihre historische Vertiefung im *Petit Lavisse*, einer einbändigen *Histoire de France* für den *cours moyen*, die Ernest Lavisse erstmals 1884 vorlegte und die das mit Abstand am meisten verbreitete Schulgeschichtsbuch war. Welchem Lernziel dieses Unterrichtswerk verpflichtet war, verriet bereits der auf dem Titelblatt abgedruckte und mit E. Lavisse unterfertigte Appell: «Kind, (...) anhand dieses Buches wirst Du die Geschichte Frankreichs erlernen. Es ist Deine Pflicht, Frankreich zu lieben, weil es die Natur schön und weil es seine Geschichte groß gemacht hat.»

Der *Petit Lavisse* gilt als «republikanisches Evangelium», denn sein Verfasser erkannte als charakteristisches Merkmal der Geschichte Frankreichs dessen Fähigkeit, sich, angefangen mit dem Hundertjährigen Krieg bis hin zum Desaster von 1870, von allen schweren Krisen gestärkt zu erheben. Das dafür entscheidende Element sei, so Lavisse, eine spezifische *solidité française*, die gleichsam von der Vorsehung im Land angelegt und unzerstörbar sei. Überdies sei jetzt die Ära der Umwälzungen, Revolutionen und Staatsstreiche abgeschlossen und Frankreich im Besitz einer Regierungsform, von der man vermuten dürfe, dass sie von Dauer wäre, da in ihr Patriotismus und Republikanismus zur Deckung kämen und beide die nämliche nationale Herausforderung im Schilde führten: jedem Franzosen eine Erziehung angedeihen zu lassen, damit der sein Bestes gebe. Kurz, die Republik war die Erfüllung aller Ideale, die von der Französischen Revolution propagiert worden waren.

Das republikanische Erziehungsideal, dem sich Lavisse verpflichtet wusste, wurde durch den Ernstfall legitimiert. Das gab der letzte Abschnitt des *Manuel Lavisse* in der erneut überarbeiteten Ausgabe von 1912 unmissverständlich zu erkennen. Die programmatische Überschrift lautet «Die patriotische Pflicht» und der Text schließt mit den folgenden Ermahnungen: «Indem wir Frankreich verteidigen, betragen wir uns wie gute Söhne. Wir erfüllen damit eine Pflicht gegenüber unseren Vätern, die sich seit Jahrhunderten alle Mühe gegeben haben, unser Vaterland zu schaffen. – Indem wir Frankreich verteidigen, setzen wir uns ein für alle Menschen in allen Ländern, denn Frankreich hat seit der Revolution die Ideale der Gerechtigkeit und der Humanität in der Welt verbreitet. – Frankreich ist das gerechteste, freieste und menschlichste unter allen Vaterländern.»

Solche Indoktrination der Schüler galt Lavisse als heilige Pflicht des Lehrers: «Wenn der Schüler nicht die lebendige Erinnerung an unsere nationalen Ruhmestaten mit sich trägt, wenn er nicht darum weiß, dass seine Vorfahren auf tausend Schlachtfeldern dafür gekämpft haben, das Vaterland zu einen und um aus dem Chaos überlebter Institutionen die Gesetze zu bergen, die uns zu freien Menschen machten; wenn er nicht zu einem Bürger wird, der von seinen Pflichten erfüllt ist, und ein Soldat, der sein Gewehr liebt, dann hat der Lehrer seine Zeit verschwendet.»

NATIONALISMUS UND ANTISEMITISMUS

Lavisse suchte derart das Dilemma zu beseitigen, das den Republikanern zeit der III. Republik immer zu schaffen machte. Trotz universalistischer Rhetorik, mit der sie die Revolution feierten, gelang es ihnen dennoch nicht, das damit verknüpfte Deutungsmonopol der Nation vollends durchzusetzen. Die republikanische Identitätsstiftung wurde vor allem seitens der Konservativen immer nachdrücklicher in Frage gestellt, denen alle jene zuliefen, die durch den Triumph der laizistischen Republik zu den Verlierern gehörten und die mit Nationalismus und Antisemitismus ein ideologisches Deutungsmuster entwickelten. Das erlaubte es ihnen, eben jene gesellschaftlichen Werte zu verteidigen, die zuvor von der Monarchie garantiert worden waren und die ihnen unverzichtbar schienen: eine strikt hierarchisch strukturierte Sozialordnung, die sich auf den Respekt vor der Tradition und der Verwurzelung im Heimatboden gründete und die im Adel, der Armee und der Kirche ihre natürlichen Stützen hatte. Was dieses ideologische Gemisch gefährlich verdichtete, war der Antisemitismus, der dem autoritären Nationalismus, zu dem sich die Konservativen bekannten, verführerische Radikalität verschaffte. Die Liebe zum Vaterland wurde nun durch den Hass auf den Feind, den anderen gesteigert, der nicht dazu gehörte. Als dieser andere wurde vor allem der Jude, aber auch der Protestant oder der Freimaurer identifiziert.

Der rabiate Antisemitismus, der in Frankreich im späten 19. Jahrhundert virulent werden sollte, wurde von einem gescheiterten Journalisten fassoniert: Edouard Drumont, der 1886 das Pamphlet *La France juive* veröffentlichte, das die Juden vor allem mit der Fähigkeit identifizierte, stets und überall Profit zu machen, weshalb sie den ahnungslosen Franzosen weit überlegen seien. Diese Behauptung war ebenso infam wie wirkungsvoll, denn durch sie wurde der Jude zum idealen Sündenbock für all jene, die von der rapiden wirtschaftlichen Entwicklung, die während des Zweiten Kaiserreichs eingesetzt hatte, überrollt worden waren. Hinzu kamen eine Reihe von Finanzskandalen wie der Zusammenbruch der Bank *Union Générale* oder der Bankrott jener Aktiengesellschaft, die den Panamakanal bauen wollte, beides Unternehmen, in die viele kleine Leute ihre Spargroschen gesteckt hatten.

Der Jude, wie ihn Drumont darstellte, war der Urheber aller Probleme, mit denen jene mittleren Existenzen zu kämpfen hatten, die sich als die Verlierer der kapitalistischen Entwicklung sahen. Zum Beweis seiner Behauptungen prangerte Drumont die vermeintlichen Machenschaften jüdischer Großbankiers wie der Rothschilds an, obwohl die Juden in der Hochfinanz nur eine Minderheit ausmachten, da die Banken in Frankreich traditionell von einer Reihe protestantischer wie im Übrigen auch von vielen katholischen Bankiers dominiert wurden – so auch die *Union Générale*. Die antisemitischen Tiraden Drumonts richteten sich aber auch gegen die Besitzer der großen Kaufhäuser, obwohl sich auch diese ausnahmslos im Besitz guter Katholiken befanden. Das änderte aber gleichwohl nichts daran, dass ihm diese Angriffe die Gefolgschaft der kleinen Ladenbesitzer sicherten.

Drumonts brachialer Antisemitismus wäre vermutlich folgenlos geblieben, wenn er nicht von zwei anderen, weitaus subtiler argumentierenden Publizisten gewissermaßen gesellschaftsfähig gemacht worden wäre. Der eine war der Romancier Maurice Barrès, der in dem 1893 erschienenen Roman *Les Déracinés, Die Entwurzelten,* junge Leute darstellte, die sich ihren Verstand durch die Lektüre von Kant ruiniert hätten! Wer sich zu sehr mit dem Gedankengut der Aufklärung auseinandersetze, so die Botschaft, der entferne sich von seinen eigenen Wurzeln, werde zum Opfer von Juden und anderen Kosmopoliten, die allem, was französisch ist, fremd, ja feindlich gegenüberstünden. Allein diejenigen hingegen, die fest im Boden verwurzelt und durch Blutsbande mit der Nation verbunden seien, könnten als wahre Franzosen gelten.

Popularisiert und zugespitzt wurden diese verquasten Gedanken durch den Journalisten Charles Maurras in der 1899 veröffentlichten Broschüre *Dictateur et roi.* Maurras entwickelte darin die seither notorischen Kategorien des *pays réel* und des *pays légal.* Als *pays réel,* als das «wirkliche Land» bezeichnete er jenes, das auf Blut und Boden gegründet ist im Unterschied zu dem von der Revolution erfundenen und lediglich fiktiven *pays légal,* das Land abstrakter rechtlicher Konstruktion. Juden, so Maurras, könnten allenfalls zum *pays légal* zugelassen werden, würden aber niemals dem *pays réel* angehören, der alleiniger Nährboden der wirklichen Nation sei. Mit anderen Worten: Juden waren von der Zugehörigkeit zur Nation per se ausgeschlossen, eine Anschauung, die den Antisemitismus zum wichtigen Bindemittel der neuen nationalistischen Ideologie machte, der vor allem von der bereits 1882 gegründeten und ursprünglich republikanischen *Ligue des Patriotes* propagiert werden sollte. Diese Radikalisierung war vor allem das Werk des Journalisten Paul Déroulède, der 1888 die Leitung der *Ligue* übernahm und diese zu einem Instrument seiner autoritären Ideologie machte. Auch wenn diese Organisation nach dem Ende der Dreyfus-Affäre, die ihr Zulauf verschafft hatte, wieder verschwand, überlebte die von ihr propagierte Ideologie, die Antisemitismus und Nationalismus mit Abneigung gegen den Kapitalismus zu einem diffusen populistischen Gemisch verband, dessen Gedankengut von der nationalistischen und monarchistischen *Action française* seit ihrer Gründung 1898 gepflegt wurde.

Diesem neuen «integralen» Nationalismus, der sowohl antisemitisch und fremdenfeindlich wie auch antikapitalistisch, antiliberal und antidemokratisch war, blieb lange Zeit eine größere politische Wirkung allein deshalb verwehrt, weil es den Republikanern gelang, vor allem das flache Land für die Republik zu gewinnen, zumal *Le Tour de la France* und der *Petit Lavisse* hier ihre Wirkung entfalteten. Aber der neue Nationalismus hatte trotz seiner politischen Marginalisierung einen großen kulturellen Einfluss vor allem in Kreisen der katholischen Bildungselite, die sich von dem Antikatholizismus und fortschrittsgläubigen Materialismus der Republikaner abgestoßen fühlten. Das Gedankengut eines Maurras, der die seit 1908 erscheinende Tageszeitung der *Action française* leitete, fand hier umso mehr Resonanz, als viele Republikaner entweder Juden, Protestanten oder Freimaurer waren – zwischen 1891 und 1914 waren rund 40 Prozent der Minister Freimaurer, zwischen 1902 und 1906 sogar 60 Prozent – und damit jenen zugehörten, die vom *pays réel* ausgeschlossen waren. Die *Action française* leistete auf diese Weise einen entscheidenden Beitrag dazu, diese Ressentiments politisch aufzuladen und am Leben zu erhalten.

Das Vichy-Regime, das sich als das «wahre», als das «eigentliche» Frankreich begriff, repräsentierte jene Geschichtsideologie, auf die sich das andere Frankreich berief und das trotz des pädagogischen Aufwands, mit dem die III. Republik versucht hatte, es aus dem kollektiven Gedächtnis zu verbannen, überlebt hatte. Die moralische Katastrophe, mit der Vichy endete, war aber auch die Ursache dafür, dass der weltanschauliche Gegensatz, der die zwei Frankreich erbittert verfeindete und der in einem Wechsel liberaler und autoritärer Regime seinen Niederschlag fand, seine politische Brisanz weitgehend einbüßte. Auch die Rechte sah sich nun im Interesse des eigenen Überlebens dazu gezwungen, die Republik wie die mit der Revolution von 1789 geschaffenen Tatsachen anzuerkennen und deren

Prinzipien programmatisch zu akzeptieren. Das änderte aber gleichwohl nichts daran, dass die alten Gegensätze bis heute betont und erinnert werden. Ein hübsches Beispiel dafür ist, dass der damalige Bürgermeister von Paris, Jacques Chirac, 1987 ein riesiges Fest veranstaltete, um den 1000. Jahrestag der Gründung der Monarchie der Capetinger zu feiern. Zwei Jahre später, als Staatspräsident François Mitterrand mit großem Gepränge den 200. Jahrestag der Französischen Revolution in Paris begehen ließ, weigerte sich die Stadtverwaltung, dazu einen Beitrag zu leisten.

Bei wie vielen historischen Anlässen oder Jahrestagen die gegensätzlichen Erinnerungen und Traditionen der «zwei Frankreich» noch heute miteinander konkurrieren, dafür liefert das von Pierre Nora veranstaltete Monumentalwerk der *Lieux de mémoire*, das in sieben Bänden von 1984 bis 1992 erschien, einen fast vollständigen Überblick. Dieses hochgelobte Unternehmen, an dem die Creme der französischen Historiker, Soziologen und Philologen beteiligt war, kann, *mutatis mutandis*, als der abschließende repräsentative Beitrag der V. Republik zu jenem Unterfangen gelten, das von den Historikern der III. Republik unter nationalpädagogischen Absichten begonnen wurde.

2

AFRIKANISCHE SPIELE

Der Kolonialismus ist eine der großen Erfahrungen, die das moderne Frankreich prägten. Die breite Zustimmung zur überseeischen Expansion war ein wichtiger Faktor, um der III. Republik jene Stabilität und Kontinuität zu sichern, die sie sechzig Regierungswechsel allein zwischen 1870 und 1914 überdauern ließ. Die Bedeutung der Kolonialpolitik wurde von den Schulbüchern in den 30er-Jahren damit begründet, die Ehre der III. Republik bestehe darin, «Frankreich ein Reich verschafft zu haben, das es in den Rang der weltweit zweitgrößten Kolonialmacht erhebt». Dass die «Kolonisierung die Krönung und das Meisterwerk der Republik» sei, war eine Auffassung, die nicht nur von einer politisierten republikanischen Pädagogik verbreitet, sondern die vor allem auch von der französischen Öffentlichkeit trotz aller ihrer sonstigen politischen Differenzen geteilt wurde.

FRANKREICHS WEG ZUR KOLONIALEN GROSSMACHT

Der Kolonialismus, Zwillingsgeschwister des Imperialismus, ist ein Epiphänomen des Nationalismus, das neben Frankreich auch Großbritannien, Deutschland und Italien ab den 80er-Jahren des 19. Jahrhunderts heimsuchte, eine breite Öffentlichkeit begeisterte und die Außenpolitik stark beeinflusste. Die Patenschaft für dieses Phänomen in Frankreich geht auf die Niederlage von 1870 zurück – und den damit verbundenen Verlust zweier Provinzen, des Elsass und eines großen Teils von Lothringen. Nach dem jähen Ende des Zweiten

Kaiserreichs, das die Franzosen in der Illusion gewiegt hatte, ihre einstige *grandeur* sei wiederhergestellt, herrschte jetzt tiefer Katzenjammer. Wie hatte es zu diesem Sturz aus solcher Höhe kommen können? Was war zu tun, um den Schaden zu beheben? Welche Voraussetzungen mussten geschaffen werden, um den erlittenen Machtverlust wieder auszugleichen? Als eine Antwort auf alle diese Fragen und Ängste bot sich die Doktrin eines französischen Imperialismus an, dessen Verheißung der *abbé* Pierre Raboisson etwa, ein Historiker im Ornat des Geistlichen, 1877 damit beschrieb, dass «die Kolonisation die schwächsten Staaten mittels der Ausdehnung ihres Territoriums auf die Höhe einer Macht zu führen vermag, mit der sie selbst den ausgedehntesten Reichen überlegen sind». Dass dies auf das Deutsche Reich gemünzt war, dessen musste sich ein Franzose nicht erst anhand des Kartenbilds vergewissern.

Wie bereits das Beispiel des *abbé* Raboisson zeigt, war das imperialistische oder kolonialistische Gedankengut in Frankreich nicht einer bestimmten Partei oder politischen Richtung zuzuordnen, sondern hatte von der Linken bis zur Rechten, von Freimaurern bis in die katholische Kirchenhierarchie hinein, zahlreiche Anhänger und Propagandisten. Überraschenderweise waren es zunächst vor allem Parteigänger der Linken, die einer entschlossenen überseeischen Expansion Frankreichs das Wort redeten wie beispielsweise Léon Gambetta, der am 7. April 1872 in Angers sich öffentlich vernehmen ließ: Um wieder den Rang einzunehmen, der ihm in der Welt gebührt, dürfe sich Frankreich nicht mit seiner Isolation abfinden. «Allein durch die Expansion, durch die Ausstrahlung auf das Leben außerhalb, durch den Platz, den sie im allgemeinen Leben der Menschheit einnehmen, können sich die Nationen auf Dauer behaupten.»

Diese und andere Äußerungen fanden solange in Frankreich kaum Widerhall, wie die Erinnerungen an die gescheiterten Abenteuer Napoleons III. in Indochina und Mexiko noch lebendig waren. Erst nachdem die Republikaner 1879 in den unangefochtenen Besitz der Macht gelangt waren, kam die Kolonialpolitik aufs Tapet. Es war

Jules Ferry, derselbe, der das republikanische Unterrichtswesen einführte und den Laizismus durchsetzte, der sich auch als der glühendste Advokat des französischen Kolonialismus hervortat. Seit seiner ersten Amtszeit als Premierminister errichtete er 1881 zunächst ein französisches Protektorat über Tunesien und kam damit italienischen Gelüsten zuvor. Mitte der 80er-Jahre, als er erneut Regierungschef war, eroberte Frankreich in Ostasien Tonkin, geriet Annam endgültig in seine Abhängigkeit, wurde die Trikolore im Norden des Kongo und auf Madagaskar aufgepflanzt.

Ferrys Expansionspolitik verfolgte ein nüchternes Kalkül, das er in einer am 28. Juli 1885 gehaltenen Rede der Öffentlichkeit gegenüber, die nach wie vor alle kolonialen Erwerbungen vehement ablehnte, entwickelte. Eine große Nation wie Frankreich, so Ferry, dürfe nicht für alle Zeit in Trauer wegen des Verlusts zweier Provinzen und ihrer dahin geschwundenen Macht verharren. Das Land habe unterdessen seine Kräfte wieder gesammelt und mit der inneren Andacht, die man sich deshalb verordnet habe, sei es jetzt genug. Fünfzehn Jahre nach Sedan wäre es deshalb höchste Zeit zu einem neuen Aufbruch. Da Frankreich im vom Deutschen Reich beherrschten Kontinentaleuropa keinerlei Zukunft besitze, sei es ein wahnsinniges Verbrechen, deshalb hier einen Krieg vom Zaun zu brechen. Hingegen könne Frankreich in Übersee reiche Kompensation im Erwerb von Kolonien finden, da es eine stattliche Flotte, ein Erbe des Zweiten Kaiserreichs, besitze. Außerdem könne man diese Politik betreiben, ohne deshalb darauf zu verzichten, die beiden verlorenen Provinzen wieder zurückzufordern.

Dieser Hinweis hatte zwei Adressaten: die große Mehrheit der Abgeordneten, die eine Kolonialpolitik als Vergeudung ablehnten und stattdessen darauf beharrten, alle Kräfte auf die Revanche und die Rückeroberung von Elsass und Lothringen zu konzentrieren. Der andere Adressat war Bismarck, denn dem deutschen Reichskanzler wurde das hartnäckige Starren der Franzosen auf das «Loch in den Vogesen» unbehaglich. Deshalb suchte er das Interesse der französischen Politik auf den Erwerb überseeischer Gebiete zu lenken, die seiner Meinung nach für das Deutsche Reich, wie er oft und laut bekundete, ohne jeden Belang seien. Auch säumte er nicht, Paris diskret zu signalisieren, dass man dabei mit seiner wohlwollenden Unterstützung rechnen könne. Die bewies er gelegentlich der großen Konferenz der europäischen Mächte, die unter seinem Vorsitz in Berlin vom November 1884 bis zum Februar 1885 tagte und bei der man sich über die Aufteilung des afrikanischen Kontinents verständigte. Die Rolle, die Bismarck dabei spielte, beschrieb er mit dem seither berühmten Wort des «ehrlichen Maklers». Allerdings verschwieg er dabei geflissentlich, dass er die Maklergebühren bereits mit Elsass und Lothringen eingestrichen hatte.

Für eine energisch verfolgte Kolonialpolitik Frankreichs sprachen aus Sicht von Jules Ferry im Wesentlichen drei Überlegungen wirtschaftlicher, kultureller und politischer Natur. Mit Kolonien sichere man sich einerseits den Zugang zu Rohstoffen, die man für die heimische Industrie benötige, wie umgekehrt diese sich als Absatzmärkte für deren Produkte anböten. Außerdem fände das französische Kapital in den überseeischen Gebieten zahlreiche gewinnversprechende Investitionsmöglichkeiten. Allein, diese so plausibel klingenden protektionistischen Argumente wurden enttäuscht, denn die französischen Kolonien kosteten den Steuerzahler mehr, als sie je an Gewinn abwarfen. Das französische Kapital bevorzugte deshalb Europa und vor allem Russland. Das änderte aber nichts daran, dass die französischen Regierungen immer neue Steuermittel in die Kolonien steckten, dort beispielsweise eine Verkehrsinfrastruktur schufen, mit der sie unbeirrt die Erwartung verbanden, diese Investitionen würden sich in Zukunft reich verzinsen.

Auch Jules Ferry bekannte sich wie Rudyard Kipling «zur Bürde des weißen Mannes». *Les races supérieures*, die abendländischen Gesellschaften, versicherte er wiederholt, die ein hohes Maß an technischer, wissenschaftlicher und moralischer Vollkommenheit auszeichne, hätten deshalb nicht nur Rechte, sondern auch Pflichten gegenüber den *races inférieures*, jenen Völkern also, die in ihrer zivilisatorischen Entwicklung noch zurück seien. Deshalb sei es Sache der Europäer, überall auf der Welt die Vorzüge von Wissenschaft, Vernunft und Freiheit zu verbreiten und so das Nichtwissen, die Furcht und die Unterdrückung des Menschen durch den Menschen zu beseitigen. Die Kolonisierung fremder Völker bedeutet demnach nicht deren Unterwerfung, sondern im Gegenteil deren Befreiung von eingelebten Vorurteilen, sei mit einem Wort eine zivilisatorische Mission, zu der sich Frankreich als das Land der Aufklärung, als Mutter der Menschenrechte in ganz besonderer Weise berufen fühlen müsse.

In Ferrys Doktrin sprachen vor allem aber auch machtpolitische Überlegungen für eine entschiedene französische Kolonialpolitik. Diese sei unverzichtbar, um die *grandeur* und den *patrimoine national*, das geschichtliche Erbe Frankreichs zu mehren und zu verteidigen. Frankreich dürfe sich nicht damit zufrieden geben, in der Welt nur die Rolle einer zweitrangigen Nation zu spielen, sondern müsse wieder eine Großmacht werden. Versage man sich dem, scheide man aus dem Wettbewerb der europäischen Nationen aus, die Welt in Besitz zu nehmen, wäre die Gefahr groß, dass Frankreich zu einer Macht vom Rang Spaniens absinke.

Der von Ferry gepredigte Imperialismus stieß zunächst jedoch ausgerechnet auf den erbitterten Widerstand der Nationalisten, die mit ihrem lautstark vorgetragenen Verlangen, die verlorenen Provinzen Elsass-Lothringen zurückzugewinnen, die öffentliche Meinung stark beeinflussten. Frankreich dürfe nicht, so ihre Argumentation, seine wiedergewonnene Kraft an Kolonialabenteuer verschwenden, sondern müsse sich auf dieses Ziel konzentrieren, die territoriale Einheit der Nation wiederherzustellen. Das war vor allem das Credo, auf das die 1882 gegründete *Ligue des Patriotes* ihre Agitation stützte, deren Chefideologe der Journalist Paul Déroulède war, der die Kolonialpolitik Ferrys mit dem bekannten Vorwurf attackierte: «Ich habe zwei Schwestern verloren, und Sie bieten mir zwanzig schwarze Domestiken als Ersatz dafür an.»

Aber trotz dieses anfänglichen Widerstands gegen eine französische Kolonialpolitik gewann die überseeische Expansion immer mehr Zustimmung. Dazu trug nicht zuletzt ein 1887 erstmals veröffentlichtes Lesebuch bei, das von derselben Autorin stammte wie *Le Tour de la France par deux enfants* und das wie dieses im Schulunterricht zur Pflichtlektüre gehörte: *Les Enfants de Marcel*. Wie der *Tour de la France* war auch dieses Buch eine gleichermaßen didaktische wie anekdotische Erzählung, deren Protagonist Marcel war, ein beinamputierter Soldat, der aus dem Elsass stammt und der nach dem Krieg nach Algerien auswandert, um dort für sich und seine vier Kinder eine neue Heimat aufzubauen. Die Erzählung ist, wie man es sich erwartet, eine Eloge auf die Familie, die Schule, die Arbeit und die Tugend der Sparsamkeit; außerdem werden die Vorzüge der Armee, der Republik und des Vaterlands gebührend herausgestellt. Vor allem bemerkenswert aber ist die Moral, mit der diese Erzählung endet: Die aus dem Elsass vertriebene Familie schlägt in Algerien neue Wurzeln und gelangt hier rasch zu Wohlstand und zu einem inneren Frieden, der sie mit ihrem Schicksal versöhnt. Mit anderen Worten: Es ist nicht die von den Nationalisten geforderte Revanche, deren Gelingen mit vielen Risiken behaftet ist, sondern die Entscheidung, sich als Kolonisten in einer fremden Welt niederzulassen, die das Glück von Marcels Familie ausmacht.

Unmittelbar verantwortlich für den Triumph, den die Kolonialpolitik in den 1890er-Jahren in Frankreich erlebte, war jedoch, dass sich die dritte der von Ferry angestellten einschlägigen Überlegungen, das machtpolitische Argument, durchsetzte. Den Ausschlag dafür gab der Katzenjammer nach dem nationalistischen Rausch, den der Kriegsminister General Georges Ernest Boulanger ausgelöst hatte, der vielen als ein Garant für den Erfolg einer Revanche gegen das Deutsche Reich galt. Ironischerweise war es Bismarck, der Boulanger auf dieses Pferd gesetzt hatte, als er ihn in einer Reichstagsrede vom Januar 1887 als ein Indiz dafür anführte, dass Frankreich wieder zu einer Gefahr für Deutschland werde, das sich dagegen mit einer Erhöhung des Wehretats wappnen müsse. Wenn selbst ein Bismarck den General für so bedeutend ansah, dann konnte dieser nichts weniger als ein neuer Napoleon sein, wie bei vielen Franzosen nun der Umkehrschluss lautete, die sich für den bei der Truppe beliebten General begeisterten und ihn zu ihrem Heros machten.

Ein politischer Skandal, in den Präsident Grévy verwickelt war und der ihn zum Rücktritt zwang, trug dazu bei, das Ansehen des Generals noch mehr zu steigern: Angesichts der in Korruption versinkenden Republik erschien sein Regiment den Massen die Rettung vor dem drohenden Untergang Frankreichs zu sein. Da die Monarchisten ihn offen politisch unterstützten, wuchs sich der General zu einer Gefahr für den Fortbestand der Republik aus, zumal seine Anhänger darauf hofften, er werde sich an die Macht putschen. Dazu mangelte es Boulanger aber an der notwendigen Durchsetzungskraft, die seine markante Erscheinung nur vorspiegelte. Als er im Januar 1889 bei einer Nachwahl in Paris eine überwältigende Stimmenmehrheit erzielte, verlor er die Nerven und verschwand zu seiner Geliebten nach Brüssel. Als diese zwei Jahre später an Tuberkulose starb, erschoss sich Boulanger auf ihrem Grab. Ohne Führer war der Boulangismus erledigt, weshalb ein General, der aus Liebeskummer Selbstmord beging, mittelbar den Anstoß für die in den 1890er-Jahren mit Vehemenz einsetzende koloniale Expansion Frankreichs gab.

Zwischen 1890 und 1914 entstand, von dem Protektorat über Tunesien und dem Besitz in Indochina abgesehen, vor allem das riesige französische Kolonialreich in Westafrika, das von der Küste des Mittelmeers bis zum Kongo reichte und in west-östlicher Richtung sich über mehr als den halben Kontinent erstreckte. Die Trikolore knatterte im Wind, der über Wüsten und Savannen strich, oder leuchtete aus dem Immergrün des tropischen Regenwalds. Dieser beispiellose Prozess der Inbesitznahme, der Frankreich binnen einer Generation ein Kolonialreich verschaffte, das es an schierer Größe mit dem aufnehmen konnte, das sich Großbritannien etwa im nämlichen Zeitraum aneignete (das damit aber nur etwas vollendete, was schon seit langem angelegt und vorbereitet war), verdankte sich einem Kolonialfieber, das die Nation angefallen hatte. Was dieses heftige Fieber auslöste, war ein Größen- und Machtwahn, die von vielen inbrünstig geglaubte und als Wahrheit angebetete Vermutung, dass allein ein überseeisches Reich von gewaltigen Dimensionen Frankreich die Gewähr biete, eine *grande nation* zu sein, die ihrer selbst wie ihrer Vergangenheit würdig sei. Dieses Fieber überlagerte gleichzeitig die Erinnerung an den verlorenen Krieg von 1870/71, den demütigenden Frieden von Frankfurt am Main und den Verlust zweier Provinzen.

«GRANDEUR NATIONALE» UND «GLOIRE» – DAS WIEDERERWACHEN DES NATIONALEN SELBSTBEWUSSTSEINS

Allein der Erwerb dieses Kolonialreichs erbrachte den Beweis, dass Frankreich nicht zu einer Macht zweiten Ranges abgesunken war, die wie Spanien, dem 1898 von den USA die Philippinen und Kuba nach kurzem Kampf abgenommen wurden, ohnmächtig Geschichte erleiden musste, anstatt sie selbstbewusst zu gestalten. Frankreichs Stimme fand wieder Gehör in der Welt, und in Paris wurden Entscheidungen getroffen, die nichts weniger als eine globale Resonanz hatten. Das war das eine Erlebnis, von dem das nationale Selbstbewusstsein gestärkt wurde; das andere war der damit erbrachte Nachweis der ungeheuren Vitalität eines Landes, die sich binnen weniger Jahre und gegen zahllose Widerstände in der Verwirklichung riesiger Machtprojektionen erfüllte und der Nation auch einen neuen Glauben an ihre Stärke, ihre schöpferische Kraft und an ihre Zukunft verschaffte. Auf dem Schlussbankett des Pariser Kolonialkongresses von 1906 beschrieb der für das Überseeimperium zuständige Minister Georges Leygues das neugewonnene nationale Selbstbewusstsein geradezu lyrisch mit den Worten: Damit sei bewiesen worden, «dass wir trotz unserer Prüfungen noch immer genug Selbstvertrauen in uns haben, um derart riesige Vorhaben zu wagen und an ein glückliches Ende zu bringen. Und die Welt gewahrt voller Überraschung, dass die vom Sturm gefällte Eiche erneut ausschlägt und ihre verjüngten Zweige über Länder ausstreckt, die niemals zuvor die Annehmlichkeit (*la douceur*) ihres Schattens erfahren haben …».

Dieser Lyrismus wurde nicht so sehr deshalb bemüht, um zynisch die von den Kolonisierten als höchst brutal und grausam erlebte Wirklichkeit ihrer zumeist gewaltsamen Unterwerfung zu beschönigen, sondern es sprach sich darin auch ein heute geradezu pervers anmutender humanitärer Mystizismus aus: Die immerwährende und unangefochtene *grandeur* Frankreichs, für die das riesige Kolonialreich einstand, wurde nicht allein durch dessen schiere Ausdehnung, seine riesige Bevölkerungszahl und der daraus ableitbaren bloß quantitativen Machtstellung erwiesen, sondern ebenso bedeutsam war das damit verknüpfte Bewusstsein einer geistigen, einer zivilisatorischen Überlegenheit, der weltweiten Geltung eines moralischen Anspruchs.

Wo immer in der Welt die Trikolore aufgepflanzt wurde, markierte das nicht nur den Stolz über einen errungenen Sieg oder die Inbesitznahme eines Gebiets, sondern die Flagge war auch das triumphale Symbol einer bestimmten Zivilisation, eines Menschenbilds und einer Summe von Werthaltungen. Was sich darin ausspricht, war nicht eine politische Weltanschauung, eine Ideologie, die der Rechten oder der Linken zuzurechnen ist, sondern eine von allen Parteien, Richtungen und gesellschaftlichen Gruppen gleichermaßen geteilte, geglaubte und mit Inbrunst verteidigte Haltung, eine gleichsam kollektive Lebenslüge. Jenseits aller Divergenzen zwischen der Linken und der Rechten in der Formulierung kolonialpolitischer Ziele oder ihrer politisch-strategischen Umsetzung teilten sich beide die unerschütterliche Überzeugung, dass die nationalen Interessen Frankreichs untrennbar verknüpft seien mit den Belangen der gesamten Menschheit. Die bisweilen chauvinistisch sich gerierende Verherrlichung der *gloire de la France* berief sich deshalb immer auf eine *certaine idée de la France*, auf die felsenfeste Vorstellung einer nur Frankreich eigentümlichen Berufung, den wahren zivilisatorischen Fortschritt zu verbreiten, die Frankreichs unbestreitbaren Vorrang in der Welt begründete.

Dieser Glauben bewies eine erstaunliche Elastizität, was sich daran zeigt, dass die im Mutterland durch die laizistische Republik in Bedrängnis gebrachte katholische Kirche bei der Kolonisierung als ein gleichberechtigter Partner hochwillkommen war. Wenn, wie die Faustregel lautet, der Handel der Flagge folgt, dann war es für die französische Expansion geradezu charakteristisch, dass beiden das Kreuz vorangetragen wurde. Mission und Kolonisierung gingen so einträchtig Hand in Hand. Bezeichnend für das in Jahrhunderten geschärfte Gespür der Kirche, mit seismischer Präzision geringfügigste gesellschaftliche Veränderungen zu registrieren, ist der Umstand, dass in Frankreich die Zahl der Missionsorden zwischen 1816 und 1870 um zweiundzwanzig anwuchs. Die Kirche war also gut vorbereitet, als der Kardinalerzbischof von Karthago und Algier, der Primat für Afrika und Apostolische Delegat für die Mission in Afrika, Charles Martial Allemand Lavigerie im November 1890 den Appell an sie richtete, mit der Republik bei der Kolonisierung eng zusammenzuarbeiten. Diese Aufforderung trug reiche Früchte, denn es sollte sich zeigen, dass selbst die «laizistischsten», sprich ausgesprochen antiklerikalen Regierungen der Republik es stets vermieden, auf dieser Intransigenz auch in den Kolonien zu beharren. Die Mission war ihnen eine unverzichtbare, weil vor allem auch kostenneutrale und effiziente Hilfe bei der Konsolidierung des Kolonialimperiums.

Die tiefe Überzeugung der besonderen zivilisatorischen Mission Frankreichs konnte nichts anfechten, zumal sie sich in einem Fortschritt materialisierte, der allen zugute kam. Deshalb war die Kolonisierung durch Frankreich für jene Völker, die unter seine Kuratel gerieten, in jedem Fall ein Segen, was umgekehrt der *grande nation* diese Expansion geradezu zu einer Pflicht machte, die sie der Menschheit schuldete. In diesem Sinne war die koloniale Eroberung

Der Handel folgt der Flagge, aber beiden wurde das Kreuz vorangetragen. – Charles Martial Allemand Lavigerie, Kardinalerzbischof von Karthago und Algier, Apostolischer Delegat für die Mission in Afrika

im Namen und auf Rechnung Frankreichs recht eigentlich ein Akt der Befreiung, eine Tat der Aufklärung, denn Hand in Hand mit den Segnungen des wissenschaftlichen Fortschritts, die es beispielsweise erlaubten, vordem unheilbare Krankheiten zu kurieren, und damit Menschen vor dem Tode zu retten, wurden auch alter Aberglauben, traditionelle Formen der Ausbeutung wie die Sklaverei oder sonstige Formen unrationeller Ausbeutung der Menschen durch die Menschen beseitigt. Der Eroberer verwandelte sich so in seiner Selbstwahrnehmung in einen Befreier, der Gerechtigkeit und Freiheit zum Durchbruch verhalf, den Armen und Entrechteten die Aussicht auf eine selbstbestimmte Zukunft in neuer Würde eröffnete.

Die Umdeutung der Kolonisierung als Befreiung wurde gegen mögliche Kritik noch dadurch immunisiert, dass ihr die der III. Republik charakteristische Aufgabenstellung schulischer Erziehung in staatlicher Verantwortung zugewiesen wurde. In einer Erscheinung wie Jules Ferry, der einerseits das republikanische Schulwesen als eine Schule für die Republik konzipierte und durchsetzte, und der andererseits die überseeische Expansion Frankreichs als unverzichtbare Notwendigkeit erkannte, damit sich Frankreich als Großmacht behaupten konnte, sind diese beiden Aspekte vereint. Allein das legte es nahe, auch in den Kolonien die republikanische Schule einzuführen, zumal die Aufgabe, die sich dem Kolonisten im «schwarzen Afrika» oder im «rätselhaften Orient» stellte, in ihren Anforderungen jenen entsprach, mit denen sich auch ein Schulmeister in der Bretagne oder der Auvergne konfrontiert sah: Da wie dort ging es darum, der modernen Zivilisation zum Durchbruch zu verhelfen, gegen Unwissen und Aberglauben zu kämpfen, den Fortschritt zu propagieren, Wissen und Vernunft zu vermitteln. Das war die der *certaine idée de la France* genuine Aufgabe, die einen zivilisatorischen Handlungsimperativ formulierte.

KRISEN UND KONFLIKTE

In dem Maße, wie die Rivalität der europäischen Großmächte zu einem erbitterten Wettbewerb darum wurde, die letzten «weißen Flecken» der Erde zu erobern, da angeblich von deren Besitz das künftige Wohl und Wehe der Mutterländer abhing, wurde aus dem Glasperlenspiel der kolonialen Expansion bitterer realpolitischer Ernst. Exemplarisch dafür sind die beiden Marokko-Krisen von 1905 und 1911, bei denen Frankreich und das Deutsche Reich im Streit darüber, wem welcher Einfluss in diesem nordwestafrikanischen Land zugestanden werden sollte, aneinanderzugeraten drohten. Die Marokko-Krisen im Besonderen und die aggressive deutsche Kolonialpolitik im Allgemeinen leisteten einen erheblichen Beitrag dazu, dass in Frankreich wieder das Deutsche Reich an Stelle von Großbritannien als «Erbfeind» trat, nachdem mit der *Entente cordiale* 1904 die virulenten kolonialen Differenzen zwischen den beiden Staaten – Ägypten wurde der englischen, Marokko der französischen Einflusssphäre zugesprochen – schiedlich beigelegt worden waren.

Diese diplomatische Klärung der innereuropäischen Frontstellung bewirkte in Frankreich das endgültige Zusammengehen jener, die unablässig auf das «Loch in den Vogesen» starrten, mit denen, deren Blick auf die Weiten Afrikas gerichtet war. Auslöser für diese Verständigung war die Einsicht, dass beide Politikziele, überseeische Expansion oder Revanche und Rückeroberung von Elsass-Lothringen, sich nicht widersprachen, sondern sich in machtpolitischer Hinsicht vortrefflich ergänzten. Dieser Perspektivenwechsel, den die französisch-englische Verständigung bewirkt hatte, zeitigte die Einsicht, dass ein großes Kolonialreich nicht notwendigerweise eine Verzettelung der französischen Kraft bewirkt und das Land damit für den Fall einer europäischen Konfrontation schwächte, sondern im Gegenteil, dass der *Empire français* für Frankreich im Hinblick auf Europa vielmehr einen Zugewinn an Macht, wenn nicht geradezu die sichere Gewähr auf einen Sieg bedeutete, käme es hier zu einem Konflikt.

Die Überlegungen hatten zum Hintergrund, dass das Deutsche Reich an Bevölkerungszahl Frankreich weit überlegen war, dessen Geburtenrate während des gesamten 19. Jahrhunderts unter dem europäischen Durchschnitt lag. Dieses Defizit, das nicht zuletzt darin zum Vorschein kam, dass Frankreich weniger Soldaten im Konfliktfall mobilisieren konnte als das Deutsche Reich, würde sich durch den Aufbau einer Kolonialarmee, die aus Einheimischen rekrutiert, aber von französischen Offizieren befehligt wurde, nicht nur ausgleichen, sondern umkehren lassen. Die Aufstellung einer *armée noire*, die um 1910 beschleunigt vorangetrieben wurde, versprach außerdem, die erzieherische Emanzipation der Eingeborenen zu beschleunigen. Darüber hinaus machten die Kolonien Frankreich in einem europäischen Konflikt praktisch unbesiegbar, denn selbst wenn das Mutterland vollständig in die Gewalt des Feindes gelangte, könnte man sich immer noch auf die Kolonien zurückziehen und von diesen aus den Kampf weiterführen. Das jedoch war eine Einsicht, die, als man sich ihrer nach dem Debakel von 1940 hätte besinnen können, nicht beherzigt wurde.

Im Ersten Weltkrieg leisteten die französischen Kolonialtruppen einen relativ hohen Blutzoll für die Verteidigung der Metropole. Zwischen 1914 und 1918 fielen auf den diversen Kriegsschauplätzen über 200 000 ihrer Soldaten, die damit die «Reifeprüfung ihrer Zivilisierung» erfolgreich bestanden. Nüchtern betrachtet wurde jedoch der Anteil, den der Einsatz von Kolonialtruppen der Alliierten am Ausgang des Krieges hatte, weit überschätzt und vor allem von den Mittelmächten, Deutschland und Österreich, propagandistisch ausgebeutet, wie das ein Plakat des «Österreichischen Flottenvereins» aus dem Jahr 1916 zeigt, das verkündete: «Wäre unsere Flotte stärker, dann hätten England und Frankreich nicht Hunderttausende ihrer Kolonialtruppen nach Europa bringen können.»

Insgesamt jedoch vollendete und zementierte der Erste Weltkrieg den breiten Konsens in der französischen Öffentlichkeit hinsichtlich der Kolonialpolitik. Während die Kommunisten den Kolonialismus als Unterdrückung anprangerten und im Sinne Lenins als Imperialismus brandmarkten, vertraten die diversen Kolonial-Lobbys die in den 1920er-Jahren gängige Meinung, die Kolonialpolitik hätte sich um das Vaterland sehr verdient gemacht. In der Perspektive, die sich mit dem siegreichen Frieden Frankreich zu eröffnen schien, wurden mit den überseeischen Besitzungen Hoffnungen auf eine Zukunft stetig wachsenden Wohlstands und weltpolitischen Einflusses geweckt, die *la Plus Grande France* zu garantieren versprach. Diese Erwartungen kulminierten zu Beginn der 30er-Jahre. 1930 war der einhundertste Jahrestag der Eroberung Algeriens und 1931 fand in Paris die große Kolonialausstellung statt, die in 193 Tagen nach optimistischen Schätzungen aber nur rund 8 Millionen Besucher hatte und nicht 33 Millionen, wie gelegentlich behauptet wurde.

Das erhellt die Enttäuschung, die aus der Bilanz dieses Spektakels spricht, die ein Jahr später von der *Union coloniale*, dem wichtigsten privaten Kolonialverein, gezogen wurde. Der Ausstellung sei es nicht gelungen, «die kapitale Bedeutung des Empire im Bewusstsein der

Öffentlichkeit dauerhaft zu verankern. Die Kolonisierung bleibt weiterhin unverstanden», lautete deren Fazit. Und im November 1933 wurde in der weitverbreiteten Zeitschrift *L'Afrique française* eine ausführliche Enquete mit den Worten resümiert: «Nachdem man vom Erfolg der kolonialen Apotheose von 1931 überwältigt war, ist man angesichts des mageren Niederschlags, das dieses Ereignis in der öffentlichen Meinung fand, zutiefst enttäuscht. Alles muss folglich noch getan werden, um dieses Land entsprechend zu erziehen, das sich ein Empire wiederaufgebaut hat und sich davon noch keine genaue Vorstellung zu machen vermag.»

Obwohl das Kolonialreich im Zweiten Weltkrieg kaum jener Rolle genügte, die ihm von Schreibtischstrategen vor dem Ersten Weltkrieg angesonnen worden war, einen im Mutterland verlorenen Krieg energisch fortzusetzen, entsprach erst die 1949 statistisch ermittelte Zustimmung der französischen Bevölkerung den Erwartungen, die seit langem von der Propaganda der kolonialen Interessengruppen behauptet wurde. Nach einer Erhebung des *Institut national de la statistique et des études économiques* (I.N.S.E.E.) fand das Kolonialreich vor allem bei den 21- bis 35-Jährigen mit 86 Prozent große bis begeisterte Zustimmung, während nur 75 Prozent der über 50-Jährigen dieser Ansicht waren. Bereits am 25. April 1946 hatte die Verfassunggebende Versammlung einstimmig ein Gesetz verabschiedet, das der Bevölkerung des Kolonialreichs die Rechte französischer Staatsbürger verlieh. Bei einer Meinungsumfrage im März 1946 hatten sich bereits 63 Prozent der Franzosen gegen 22 Prozent eben dafür ausgesprochen.

Das war zumindest eine formale Anerkennung der Kolonialtruppen, die vor allem an der von US-Truppen geführten Eroberung Italiens beteiligt waren. In der militärisch sinnlosen und sehr blutigen Schlacht um Monte Cassino hatten sie als willkommenes «Kanonenfutter» herhalten müssen. Gleichzeitig war dieses Gesetz aber auch die späte Einlösung eines Versprechens, das die Republikaner von 1848 bereits mit den Worten abgelegt hatten: «Die Republik wird künftig keine Unterschiede mehr in der Familie der Menschen machen». Das Gesetz änderte gleichwohl nichts daran, dass in der Verfassungswirklichkeit, insbesondere in Fragen des Wahlrechts, keineswegs Rechtsgleichheit hergestellt wurde, geschweige, dass der Grundsatz der Gleichheit im gesellschaftlichen oder wirtschaftlichen Leben durchgesetzt worden wäre, auch wenn einige Ausnahmen einen gegenteiligen Eindruck zu erwecken suchten.

Ein großer Irrtum wäre es jedoch, dieses Gesetz als einen ersten Schritt zur Entlassung der Kolonien aus der Abhängigkeit von Frankreich und in ihre selbstverantwortete Unabhängigkeit zu deuten. Vielmehr fügte es sich genau in die Absichten, die bereits mit der *Conférence africaine française*, die Anfang 1944 in Brazzaville, der Hauptstadt von Äquatorialafrika, stattgefunden hatte, deutlich geworden waren. Die Konferenz war von de Gaulle einberufen worden, um angesichts des nahen Kriegsendes die Zukunft des französischen Kolonialreichs zu sichern. Die war seitens der USA verschiedentlich dadurch offen infrage gestellt worden, als sie auch für die Kolonien der europäischen Mächte die Gültigkeit des Selbstbestimmungsrechts der Völker einforderten. Dagegen hatte sich de Gaulle bereits in einer 1942 in London gehaltenen Rede verwahrt, in der er den *Empire* als «ein wesentliches Element für die Zukunft und als notwendig für die *grandeur de la nation*» bezeichnet hatte. Entsprechend sah die Marschroute für die Konferenz von Brazzaville explizit vor, «jeden Gedanken an Autonomie, jede Möglichkeit einer Entwicklung außerhalb des französischen Blocks des *Empire*, ja selbst die mögliche und für eine fernere Zukunft anvisierte Grundlegung eines *self-governments* in den Kolonien» von vornherein auszuschließen.

Diese Haltung stand nicht nur im Widerspruch zu den Wünschen der Amerikaner, sondern vor allem auch zu den Unabhängigkeitsaspirationen in den Kolonien, die überall im französischen Kolonialreich während des Zweiten Weltkriegs erheblichen Auftrieb erfuhren. Diese Haltung erklärt aber auch die uneinsichtige Hartnäckigkeit, mit der die 1946 proklamierte IV. Republik das unterdessen politisch wie historisch unwahr gewordene koloniale Erbe der III. Republik verteidigte. Die Folge war eine ununterbrochene Serie von opferreichen Kolonialkriegen, die Frankreich unmittelbar nach dem Ende des Zweiten Weltkriegs in Indochina, auf Madagaskar und in Algerien zu führen begann und die erst 1962 beendet wurde. Für diese politische Narrheit musste Frankreich teuer bezahlen: Nicht nur kosteten diese Kriege den französischen Steuerzahler Unsummen, beschmutzten brutale Unterdrückung – in Algerien, in Sétif, verübten am 8. Mai 1945, dem Tag, an dem in Europa der Krieg endete, französische Truppen ein Massaker, dem rund 45 000 Einheimische zum Opfer fielen, und in Madagaskar wurden bei der Niederschlagung eines Aufstands zwischen dem 2. und dem 12. April 1947 rund 80 000 Menschen getötet – und eine vor allem im seit 1945 schwärenden Algerienkonflikt endemische Folterpraxis das Ansehen Frankreichs, das, um davon abzulenken, bis heute mit Gedenkritualen an die Leiden und Opfer während der deutschen Besetzung erinnert, sondern mit ihnen wurde außer unendlichen Leiden auch nichts erreicht.

Das galt für den Krieg in Indochina, der mit dem «Cannae» der Schlacht von Dien Bien Phu, die am 7. Mai 1954 mit der Kapitulation der Franzosen militärisch endete; noch mehr jedoch trifft dies auf den Algerienkrieg zu, der einen bis heute die Beziehungen beider Länder vergiftenden tragischen Ausgang nahm. Der am 18. März 1962 in Evian unterzeichnete Friedensschluss, mit dem Algerien die Unabhängigkeit errang, ratifizierte ein Ergebnis, das Frankreich auch ohne einen Krieg hätte erzielen können. Das aber trifft auf die meisten Kriege zu.

In einer am 1. September 1966 in Phnom Penh gehaltenen Rede gab de Gaulle den USA den Ratschlag, den Vietnamkrieg, der damals seinem Höhepunkt zusteuerte, zu beenden. Er begründete dies mit dem Resümee der mit dem Algerienkrieg gemachten Erfahrungen. Frankreich habe damals erkannt, dass in diesem Krieg weder «sein Glück noch seine Unabhängigkeit auf dem Spiel stand, und

dass in unserer Zeit ein solcher Konflikt nur in sich unendlich ver-
mehrenden Verlust, Hass und Zerstörung einmündet». Deshalb habe
Frankreich diesen Krieg beendet, «ohne dass es deshalb in seinem
Prestige, seiner Macht und seiner Wirtschaftskraft Einbußen erlitten
hat».

DER ZUSAMMENBRUCH DES «EMPIRE FRANÇAIS»

Vom einst stolzen, die *grandeur de la France* vermeintlich garantieren-
den *Empire français* künden heute nur noch einige über den Erdball
verstreute Konfetti, tropische Inseln in der Karibik, im Indischen
Ozean oder im Pazifik, sowie ein Landfetzen im nördlichen Süd-
amerika, Französisch-Guayana, das einst als «weiße Guillotine» ver-
schrien war, weil sich sein kräftezehrendes tropisches Klima für die
Verbannung von Strafgefangenen bestens eignete und von wo heute
europäische Trägerraketen vom Typ Ariane Satelliten ins Weltall be-
fördern. Der Unterhalt aller dieser Besitzungen, die aus eigener Kraft
nicht überlebensfähig wären und von denen viele den Status eines
Überseedépartements haben, kostet den französischen Staat große
Summen. Allein das Inselparadies von Französisch-Polynesien, das
seit Einstellung der Atombombenversuche ohne jedes strategische
Interesse für Frankreich ist, erhält von Paris jährlich 150 Millionen
Euro Wirtschaftshilfe. Tendenz steigend, denn der Tourismus, die
wichtigste Einnahmequelle des über Tausende von Quadratkilome-
tern über den Pazifik verstreuten Archipels, ist rückläufig. Damit
nicht genug, sorgen die Überseebesitzungen auch oft für Ärger wie
das chronische Problem Neukaledonien zeigt, wo eine Minderheit
der Ureinwohner, der Kanaken, für die Unabhängigkeit der ebenfalls
im Pazifik gelegenen rohstoffreichen Inseln und gegen eine Repression in altvertrauter kolonialistischer Brutalität kämpft. Das wie weitere Nachteile und Belastungen schlagen indes in der «gefühlten Bilanz» des heutigen französischen Nationalstolzes nicht zu Buche,
der sich immer noch daran berauschen kann, dass die Trikolore in
der Brise warmer Meere über von Palmen gesäumten Stränden flat-

tert, was die staatliche Fremdenverkehrswerbung vor einigen Jahren zu dem Slogan inspirierte, Frankreich grenze an fünf Meere.

Wesentlich anders verhält es sich hingegen mit dem ehemaligen französischen Kolonialreich in Afrika, das seit seiner Unabhängigkeit aufs Schönste jene Erwartungen erfüllt, mit deren Verheißung Jules Ferry die von ihm einst initiierte Expansionspolitik zu rechtfertigen suchte. Die meisten der frankophonen afrikanischen Staaten sind in wirtschaftlicher und sicherheitspolitischer Hinsicht nach wie vor sehr eng mit Frankreich verbunden. Sie sind wichtige Rohstofflieferanten insbesondere für die französische Öl- und Atomindustrie, weshalb es ein Gebot der Realpolitik ist, dass im eklatanten Widerspruch zu allen Beteuerungen der Menschenrechte, deren universale Gültigkeit die Französische Revolution proklamierte, hier französische Truppen für den Schutz brutalster Regime sorgen. Darüber hinaus ist *la Françafrique* ein immerwährender Skandal, der die politische Moral der V. Republik mit einer kaum mehr überschaubaren Zahl von Korruptionsfällen unterminierte, von denen die wenigsten jemals aufgeklärt wurden, weil so gut wie ausnahmslos alle Parteien auf der Rechten wie der Linken von Schmiergeldzahlungen profitierten, die vor allem vom Ölkonzern ELF verteilt wurden.

Abgesehen davon bietet aber auch der nur noch informelle *Empire français* ganz wesentliche Gewähr für die *grandeur de la France*. Das gilt sowohl hinsichtlich der kulturell-sprachlichen Hegemonie, die sich Frankreich einiges kosten lässt, wie auch hinsichtlich ihrer militärischen Komponente. Das zeigte erst jüngst der Protest einer Gruppe der fast 700 (!) französischen Generäle gegen die im Verteidigungsweißbuch 2008 von Präsident Nicolas Sarkozy vorgeschlagenen Truppenreduzierungen, die sich dagegen unter anderem mit dem Argument verwahrten, dass diese sich vor allem auf das militärische Engagement Frankreichs in Afrika auswirkten und damit unmittelbar die *grandeur de la France* minderten. Das Argument leuchtet ein, denn in Afrika genügt schon ein kleines Truppenkontingent, um dem Empfinden Nahrung zu geben, als eine Großmacht zu gelten.

Das französische Kolonialreich ist zwar Vergangenheit, aber in seinen gern verdrängten Folgen ist es bis heute in Frankreich sehr präsent. Während der Hochkonjunkturphase in den 60er- und auch noch in den frühen 70er-Jahren war Frankreich auf Arbeitsimmigranten angewiesen, um den großen Bedarf an gering bezahlten und nicht ausgebildeten Arbeitskräften vor allem in der Automobil- und Stahlindustrie wie im Bergbau zu befriedigen. Seit dem späten 19. Jahrhundert war dies in der französischen Industrie gängige Praxis. Während es damals vor allem Arbeitsimmigranten zunächst aus Belgien, dann aus Polen und Italien waren, die bei einem Konjunktureinbruch ohne viel Federlesens wieder in ihre Herkunftsländer abgeschoben werden konnten, warb man jetzt vor allem algerische und marokkanische Arbeitskräfte an, die in unmittelbarer Nähe zu den Produktionsbetrieben in Barackensiedlungen, den sogenannten *Bidonvilles*, interniert wurden. Diese Praxis, bei der Tausende von Männern, die auf Jahre von ihren Familien getrennt, unter unwürdigsten Bedingungen leben mussten, verursachte eine Fülle von Problemen, weshalb man in den späten 60er-Jahren mit der Anlage rasch hochgezogener neuer Siedlungen im weiteren Umkreis der großen Städte und Industriestandorte begann, in denen sich nun auch die Angehörigen, durch eine von Staatspräsident Giscard d'Estaing initiierte Politik der Familienzusammenführung ermuntert, niederließen. Dies, wie die Frankreich eigentümliche Regelung der Staatsangehörigkeit – jeder, der auf französischem Boden geboren wird, gilt automatisch als Franzose –, ließ binnen weniger Jahre das Phänomen einer an bestimmten Punkten konzentrierten Bevölkerung entstehen, die sich durch Zuzug sprunghaft vermehrte, obwohl andererseits die Nachfrage nach ungelernten Arbeitskräften aus konjunkturellen Gründen wie vor allem auch wegen der fortschreitenden De-Industrialisierung der Wirtschaft spürbar abnahm.

Daraus ergeben sich eine Fülle von Problemen, die sich zusammenfassend als endemischer Integrationsstau beschreiben lassen und die selbst die Fähigkeiten eines klassischen Asyllands wie Frankreich weit überfordern, das seit dem 19. Jahrhundert zahlreiche Wellen von Flüchtlingen aufgenommen hat, die vor ethnischen oder politischen Verfolgungen in ihren Heimatländern geflohen waren und die binnen einer Generation mühelos assimiliert wurden. Dieser eingespielte Prozess versagte jetzt aus einer Fülle von Gründen vollständig. Zum einen hat die schiere Anzahl der Immigranten, die an einigen wenigen Orten konzentriert sind, das Integrationspotential schlicht überfordert. Hinzu kommen rassistisch bedingte Abneigungen und Vorurteile mit der Folge, dass die aus Nord- und zunehmend auch aus Schwarzafrika stammenden, sich kulturell, religiös wie ihrem Aussehen nach deutlich von der einheimischen Bevölkerung unterscheidenden Menschen sozial ausgegrenzt wurden und sich mehr und mehr in Ghettos zurückzogen, deren soziales und kulturelles Milieu ausschließlich von ihnen geprägt wird.

Diese Entwicklung machte eine Integration so gut wie unmöglich, was sich daran ablesen lässt, dass selbst die Nachkommen dieser Arbeitsimmigranten, die als zweite oder dritte Generation in Frankreich geboren wurden und dem Gesetz nach als Franzosen gelten, sich wegen ihrer Ghettoisierung und ihrer manifesten sozialen Diskriminierung nicht als solche empfinden. Das illustriert die Antwort, die Frankreichs Star-Fußballer Zinedine Zidane auf die Frage gab, wie er seine Identität beschriebe. «In erster Linie bin ich ein Kabyle aus La Castellane [i.e. einem Viertel in der *Banlieue* von Marseille], dann ein Algerier aus Marseille und dann ein Franzose.»

Die Definition, die Zidane von sich gibt, beschreibt die ganze Katastrophe der Einwanderer, ihrer Kinder und Kindeskinder, die dank einer erzieherischen Ideologie, die unter dem Vorwand der *égalité* ihre Identität als Minderheit respektiert, ihnen damit aber gleichzeitig den Zugang zur französischen Kultur verwehrt und sie in ein kulturelles Ghetto einsperrt, das im Niemandsland angesiedelt ist. Die Folge ist, dass sie die Integration, die ihnen bislang verweigert wurde, nun ihrerseits ganz bewusst ablehnen. Das hat längst einen ausweglosen Teufelskreis gestiftet, bei dem der mindeste Anlass genügt, um eine Explosion zu verursachen, was im Oktober 2005 geschah, als ein wochenlanger Aufruhr die Vorstädte von Paris und anderer französischer Ballungszentren erschütterte. Die damals von Politikern jeglicher Couleur zu vernehmenden Beteuerungen, jetzt energische Maßnahmen ergreifen und wirksame Reformen einleiten zu wollen, verhallten weithin folgenlos. Die Altlast einer unbewältigten Integration wird weiterhin einer polizeilich-repressiven Kontrolle überantwortet, die vor allem nur eines garantiert: dass der Binnendruck in den Ghettos konstant bleibt. Damit wächst jedoch die Gefahr, dass rassistische Vorurteile und Spannungen immer mehr zunehmen werden und dementsprechend der mühsame Prozess, dass vor allem die Muslime sich an ein breiteres und von Permissivität geprägtes kulturelles Umfeld anpassen, immer mehr behindert wird.

3

VERSAILLES
UND DIE FOLGEN

Der «große Krieg», wie der Erste Weltkrieg in Frankreich noch heute genannt wird, war für das Land ein Trauma, das ursächlich werden sollte für das Verhängnis, das es 1940 ereilte. Das mutet paradox an, denn schließlich hatte Frankreich den Krieg gewonnen und konnte, wie gerne geglaubt wird, dem am Boden liegenden Deutschen Reich in Versailles den Frieden diktieren. Tatsächlich jedoch war der militärische Erfolg, den Frankreich 1918 errang, ein Pyrrhussieg: Frankreich hatte Deutschland nur in einer Allianz mit Großbritannien und den USA besiegen können, war aber unter den drei Siegermächten mit Abstand der schwächste Partner. Das stand im Kontrast dazu, dass der Krieg vor allem auf französischem Boden gewütet, hier an Wohnhäusern, Fabriken, Dörfern und Städten immense Schäden verursacht und die Verkehrsinfrastruktur, Brücken, Straßen und Eisenbahnlinien, in ganz Nordostfrankreich zerstört hatte.

DER ERSTE WELTKRIEG: SIEGER OHNE SIEG

Weit schwerer noch als diese materiellen Verluste wogen aber die an Menschenleben. Frankreich hatte rund 8,5 Millionen Männer im Alter von 18 bis 46 Jahren, jeden fünften Franzosen, mobilisiert; fast die Hälfte der gesamten männlichen Bevölkerung (43 Prozent) erlebte den Grabenkrieg. Davon fielen 1,4 Millionen, über eine Million wurde als schwerkriegsbeschädigt registriert und rund 3 Millionen als «Halbinvaliden» eingestuft. Mit anderen Worten: Rund 65 Prozent aller französischen Kriegsteilnehmer fielen oder kehrten mit

Das Antlitz des Krieges:
Französischer Soldat in einer Gefechtspause

dauernden Schäden aus dem Krieg zurück. Von allen am Krieg beteiligten Staaten hatte Frankreich, um die beträchtliche demographische Differenz zu Deutschland auszugleichen, mit Abstand den größten Anteil der wehrfähigen männlichen Bevölkerung mobilisiert. Was das konkret bedeutete, lässt sich noch heute unschwer an über 38 000 Gefallenenmahnmalen ablesen, die in Frankreich selbst in kleinen Dörfern anzutreffen sind und auf denen oft mehrfach dieselben Familiennamen zu lesen sind.

Noch gespenstischer wird die Rechnung, bilanziert man die Einwohnerzahl Frankreichs vor und nach dem Krieg, denn die Zahl der Gefallenen wirkte sich unmittelbar auf das Geburtenaufkommen aus. Trotz der Wiedergewinnung von Elsass-Lothringen, die Frankreich eine Bevölkerungszunahme von 1,874 Millionen bescherte, lag die Zahl der Einwohner 1921 mit 38.8 Millionen um rund 400 000 unter der von 1911! Diese Zahlen zeigen nichts weniger als eine demographische Katastrophe, die durch den Rückgang der Eheschließungen, die 1915 auf 30 Prozent der Zahl von 1913 sanken, ebenso illustriert wird wie durch die dem entsprechend rückläufige Geburtenrate: Zwischen 1915 und 1919 wurden 1,75 Millionen weniger Kinder geboren als zwischen 1909 und 1913. Dass sich daran so schnell nichts ändern würde, demonstriert der 1921 ermittelte Frauenüberschuss von weit über einer Million in der Altersgruppe der 20- bis 39-Jährigen. Was diese Zahlen konkret bedeuteten, zeigte sich ab Mitte der 30er-Jahre, als die Zahl der einberufenen Wehrpflichtigen um die Hälfte zurückging. Das legte den Schluss nahe, dass Frankreich als Nation ein weiteres Blutbad wie das des Ersten Weltkriegs nicht überleben würde.

Kaum weniger besorgniserregend war die Erschöpfung der französischen Finanzen, die nicht nur durch die exorbitanten Kriegskosten verursacht wurde, sondern vor allem auch dadurch, dass die Milliarden an privaten Auslandsinvestitionen, die vor dem Krieg nach Russland und in das Osmanische Reich geflossen waren, sich durch die russische Oktoberrevolution beziehungsweise den Untergang des osmanischen Imperiums in Nichts auflösten. Georges Clemenceau, der von November 1917 bis Januar 1920 französischer Premierminister war und deshalb als *Père de la Victoire*, als «Vater des Sieges» eine immense Popularität genoss, wovon noch heute eine Fülle von Bistros, Bars oder Cafés in der Provinz zeugt, die seinen Namen tragen, hatte dank dieses Prestiges scheinbar völlige Freiheit, gemeinsam mit den Staatsmännern von England, den USA und Italien die Bedingungen des Friedensvertrags festzulegen, mit dem das Deutsche Reich in Versailles konfrontiert wurde.

Allein das ist der Grund dafür, warum Clemenceau in Frankreich wie Deutschland als Hauptverantwortlicher für die harten Friedensbedingungen und ihre Durchsetzung gilt. Gegen diese erhoben die Deutschen von Anfang an laute Proteste, bei denen sie geschickt das Gespenst einer Bolschewisierung Deutschlands an die Wand malten, das auf Seiten der Alliierten vor allem einen Experten nachhaltig beeindruckte: John Maynard Keynes, der einer der erfolgreichsten Anwälte der deutschen Interessen werden sollte. Dass die Rolle, die Clemenceau tatsächlich spielen konnte, jedoch bei weitem überschätzt wurde, lag unter anderem daran, dass er sich in allen Angelegenheiten zuvor mit Großbritannien und den USA verständigen musste, die Frankreich sowohl militärisch wie wirtschaftlich weit überlegen waren. Was Frankreichs diplomatische Position zum Weiteren entschieden schwächte, war, dass der älteste und einst wichtigste Verbündete, Russland, völlig ausgefallen war. Das machte die Abhängigkeit Frankreichs von den angelsächsischen Mächten noch spürbarer.

Diese sehr ungleichen Machtverhältnisse auf Seiten der Sieger präjudizierten von Anfang an das Urteil über den Versailler Frieden. In Großbritannien und den USA, die sich von den deutschen Einwänden in Maßen beeindrucken ließen, wurden die Friedensbedingungen als zu hart, während sie in Frankreich als zu milde kritisiert wurden. Aber das will nicht viel besagen, denn vermutlich hätte Deutschland nur dann keine Klagen über den Frieden geführt, wenn dieser für die Alliierten vollends unzumutbar gewesen wäre. Im Übrigen glich das Wehgeschrei, das die Deutschen wegen des «Versailler Diktats» anstimmten, dem von beraubten Räubern: Der «Siegfrieden», den das Deutsche Reich Frankreich und dessen Alliierten bei einem für die Mittelmächte siegreichen Ausgang des Kriegs zu diktieren entschlossen war, stellte die Bestimmungen des Versailler Vertrags noch weit in den Schatten.

Das hatte zur Folge, dass sich die Alliierten auf einen schlechten Kompromiss verständigten. Der sollte künftig die expansiven Absichten vereiteln, die das Deutsche Reich nach einem Sieg hatte realisieren wollen, um sich die Herrschaft über Kontinentaleuropa zu verschaffen. Tatsächlich jedoch beschwor dieser Kompromiss genau das herauf, was mit ihm verhindert werden sollte: Zwanzig Jahre nach dem Ende des Ersten Weltkriegs nahm Deutschland einen zweiten Anlauf, Europa zu erobern. Die Voraussetzungen dafür waren bereits in den beiden wichtigsten Abreden jenes Kompromisses angelegt. Die Entwaffnung Deutschlands, dem nur ein 100 000 Mann starkes Heer zugestanden wurde, allerdings mit der Einschränkung, keine Flugzeuge, Panzer oder Artillerie produzieren zu dürfen, sollte auf Dauer den preußischen Militarismus beseitigen. Genau das Gegenteil trat aber ein, denn die Berufsarmee der Reichswehr machte den gefürchteten Militarismus nur noch effizienter, während die Rüstungsbeschränkungen insgeheim unterlaufen wurden.

Weitaus fataler war jedoch, dass sich US-Präsident Woodrow Wilson mit seiner Lieblingsidee, dem Selbstbestimmungsrecht der Völker, durchsetzte, dem die Paragraphen 5 bis 13 seines berühmten «Vierzehn Punkte»-Katalogs vom Januar 1918 gewidmet waren und das mit dem Friedensschluss zum allgemeingültigen Prinzip auf Erden werden sollte, über das der Völkerbund, ein weiterer Herzenswunsch des US-Präsidenten, zu wachen hatte. Diese Wilsonsche Forderung, die von den Bolschewiken, der deutschen Regierung und dem englischen Premier David Lloyd George sogleich mehr oder weniger begeistert als Basis künftiger Friedensverhandlungen akzeptiert wurde, verkannte nur völlig die ethnographische Heterogenität, die Mittel- und Osteuropa kennzeichnete: Jeder der neuen und souveränen Nationalstaaten, die aus der Konkursmasse des Habsburger-, des Osmanischen und des Zarenreichs entstanden, hatte große ethnische Minderheiten innerhalb seiner Grenzen, die alle eine potentielle Irredenta darstellten und den Bestand dieser Staaten von innen heraus bedrohten.

Als besonders dornig erwies sich das Problem der deutschen Minderheiten: Mehr als elf Millionen Deutsche, rund 13 Prozent der deutschsprachigen Bevölkerung, lebten außerhalb der Grenzen von Nachkriegsdeutschland: In Österreich waren es 6,2 Millionen, in Polen über eine Million, in Rumänien 700 000, in der Tschechoslowakei rund drei Millionen und in dem Italien zugeschlagenen Südtirol rund 200 000. Für diese Deutschen aber wurde das universal gültige

Selbstbestimmungsrecht einfach deshalb außer Kraft gesetzt, weil seine Anwendung schon durch den «Anschluss» von Deutsch-Österreich an das Reich die Vorkriegsgrenzen Deutschlands entschieden ausgeweitet hätte mit der Folge, dass der zum Alleinschuldigen gestempelte Hauptverlierer des Krieges als Sieger erschienen wäre. Schlimmer noch: Die Alliierten untersagten einerseits den Anschluss des österreichischen Rumpfstaats an das Deutsche Reich, den eine überwältigende Mehrheit der Deutsch-Österreicher wünschte, veranstalteten aber andererseits Volksabstimmungen in Schleswig, im südlichen Ostpreußen und in Oberschlesien, bei denen starke dänische respektive polnische Minderheiten, die dort lebten, allein über eine neue Grenzziehung zum Nachteil des Deutschen Reichs entscheiden konnten.

Die Anwendung des Selbstbestimmungsrechts glich angesichts der verzwickten Gemengelage ethnischer Minderheiten in Mittel- und Osteuropa dem Öffnen der Büchse der Pandora: Hätte man dieses Recht den deutschen Minderheiten zugestanden, wäre es sofort zum Ausbruch einer Reihe regionaler Konflikte gekommen, die sich in kürzester Zeit zu einem Flächenbrand hätten ausweiten können; das Selbstbestimmungsrecht den deutschen Minderheiten zu versagen, züchtete andererseits ein Ressentiment, das sich irgendwann gewaltsam entladen musste. Angesichts dieses Dilemmas entschieden sich die siegreichen Alliierten für die mit Abstand verderblichste Lösung: Sie verweigerten der deutschen Mehrheit in Österreich eben jenes Selbstbestimmungsrecht, das sie etwa im südlichen Ostpreußen und in Oberschlesien der dortigen polnischen Minderheit zugestanden. Die Folge war, dass diese jeweils für eine Abtretung der Gebiete an Polen votierte, was diesem seit mehr als 150 Jahren von der Landkarte verschwundenen Land eine starke deutsche Minderheit bescherte.

Die großen Gefahren, die hier lauerten, wurden aber von keinem der damaligen, verantwortlich handelnden Politiker wahrgenommen. Vor allem in Frankreich grämte man sich, dass man die Zukunft nicht mit den vertrauten Rezepten vorgestriger Machtpolitik gestalten konnte. Aufschlussreich dafür ist, dass der Haupteinwand jener, die in Frankreich den Versailler Vertrag als zu milde kritisierten, der war, dass sich Clemenceau weder mit der Forderung nach einer Zerschlagung des Deutschen Reichs in eine Anzahl von Mittelstaaten, die jeweils zu schwach sein würden, um künftig eine Gefahr für Frankreich darzustellen, durchsetzen konnte noch mit der ebenfalls vorgeschlagenen Minimallösung eines rheinischen Pufferstaats. Beide Szenarien zerschellten am Widerstand Großbritanniens und der USA wie auch daran, dass Frankreich zu schwach war, diese Forderungen einseitig zu erzwingen. Deshalb handelte Clemenceau einen Kompromiss aus, der vorsah, dass das Rheinland integraler Bestandteil des deutschen Staatsgebiets bleiben, aber für 15 Jahre oder, wenn nötig, länger von den Alliierten als Faustpfand für die Erfüllung der Reparationsforderungen besetzt werden könnte. Außerdem sollte das Rheinland für unbefristete Dauer zu einer entmilitarisierten Zone erklärt werden. Darüber hinaus erhielt Frankreich von Großbritannien und den USA einen Bündnisvertrag in Aussicht gestellt, der ihm wirksamen Schutz gegen einen künftigen deutschen Revanchekrieg versprach. Damit hatte Frankreich, wie sich Clemenceau gegenüber seinen Kritikern rechtfertigte, den mit Rücksicht auf seine Sicherheitsinteressen besten Handel, eine Fortsetzung der siegreichen Kriegskoalition, abgeschlossen. Mehr wäre angesichts der verhältnismäßig schwachen Position des Landes nicht durchzusetzen gewesen. Aber schon dieses Ergebnis erwies sich als zu schön, um von Dauer zu sein: Als der US-Senat sich 1919 weigerte, diesen Bündnisvertrag zu ratifizieren, nahm das auch Großbritannien zum Anlass, sich der eingegangenen Verpflichtungen mit dem Argument zu entwinden, dass damit die ursprüngliche Vertragsgrundlage entfallen sei, London nur mit Paris ginge, wenn auch Washington mit von der Partie sei.

Bereits damit hatte Frankreich einen ganz erheblichen Teil jenes Sicherheitsvorteils eingebüßt, der für das Land im Lichte des allzu teuer erkauften militärischen Sieges in Zukunft unverzichtbar war. Aber es sollte noch schlimmer kommen, denn das Problem des Versailler Friedens war nicht, dass dessen Bedingungen für Deutschland zu hart oder zu milde waren, sondern dass nie wirklich ernsthaft damit gedroht wurde, ihre Erfüllung mit Gewalt zu erzwingen. Der Rückzug der USA in die Isolation, dem sich Großbritannien insofern anschloss, als es versuchte, eine zwischen Deutschland und Frankreich vermittelnde Position einzunehmen, verschaffte zwar dem geschwächten Frankreich die Vorhand. Das konnte diese aber umso weniger ausspielen, als die USA auf einer Bezahlung der meist mit kurzfristigen Laufzeiten ausgehandelten Kriegskreditverträge bestanden. Daran war jedoch so lange nicht zu denken, wie die katastrophale finanzielle Situation Frankreichs nicht dadurch gemildert wurde, dass Deutschland der Zahlung der bereits im Waffenstillstandsvertrag vom 11. November 1918 vereinbarten Entschädigungen für in Belgien und Frankreich verursachte Kriegsschäden nachkam. Mit seiner Zahlungsverweigerung protestierte Deutschland gegen die astronomischen Reparationsforderungen, mit denen es in Versailles konfrontiert worden war. Diese waren nicht zuletzt deshalb so hoch, weil auch Großbritannien mit einer anfechtbaren Interpretation der Waffenstillstandsvereinbarungen Reparationsforderungen geltend machte. Unter anderem sollte Deutschland für die britischen Kriegs- und Hinterbliebenenrenten aufkommen.

Die britischen Forderungen stürzten jedoch weniger das Deutsche Reich in Verlegenheit, auch wenn hier das Wehgeschrei ob der exorbitanten Entschädigungsforderungen ohrenbetäubend war, als vielmehr Frankreich, das sich zum zweiten Mal betrogen sehen musste: Großbritannien bestand zwar darauf, einen erheblichen Anteil an den deutschen Reparationszahlungen einzukassieren, weigerte sich aber gleichzeitig, Frankreich dabei zu unterstützen, auf Deutschland Druck auszuüben, um die Zahlungen einzutreiben.

Übrigens waren es auch keineswegs, wie dies ein hartnäckig sich behauptendes Missverständnis besagt, diese Reparationsforderungen, die Deutschlands Wirtschaft durch eine Hyperinflation ruinierten; ursächlich dafür war in erster Linie die deutsche Wirtschaftspolitik, die es darauf angelegt hatte, mittels einer unverantwortlichen Fiskal- und Geldpolitik den Frieden zu gewinnen. Dank der galoppierenden Inflation, die dadurch ausgelöst wurde, gelang es, den während des Kriegs durch Anleihen aufgehäuften Schuldenberg ebenso zu verringern wie die Ansprüche auf Reparationszahlungen. Das hatte die wahrhaft paradox anmutende Folge, dass es dem Verlierer Deutschland kaum schlechter ging als den beiden Siegermächten Großbritannien und Frankreich, deren Wirtschaft und Gesellschaft an der Liquidierung der Kriegsschulden lange und schwer zu leiden hatten. Der fragwürdige Erfolg, den die deutsche Politik um den Preis erzielte, dass sie die Sparguthaben der kleinen Leute vernichtete, war aber seinerseits nur ein Pyrrhussieg, mit dem demokratisch legitimierte Politiker dazu beitrugen, die Demokratie und ihre eigene Machtbasis zu ruinieren.

Nachdem Frankreich zwei Jahre vergeblich versucht hatte, nennenswerte Entschädigungszahlungen von Deutschland zu bekommen, entschloss man sich in Paris, auf eigene Faust zu handeln: Bereits im April 1920 hatten französische Truppen wegen deutscher Verstöße gegen den Versailler Vertrag zeitweilig Frankfurt am Main und Darmstadt besetzt. Das wurde das Vorbild für die Okkupation des Ruhrgebiets durch französische und belgische Truppen Anfang Januar 1923. Der Anlass war, dass Deutschland mit Kohlelieferungen an Frankreich im Rückstand war. An der Ruhr reagierte man darauf mit einem Generalstreik, um so die Besatzer wieder aus dem Land zu ekeln. Die ließen sich dadurch aber nicht beeindrucken, sondern zogen die Daumenschrauben noch weiter an: Am 29. Januar verhängte die Besatzungsmacht den verschärften Belagerungszustand, zwei Wochen später, am 12. Februar, wurde die Ausfuhr aller Erzeugnisse aus dem besetzten in das unbesetzte Gebiet untersagt. Damit wurde Deutschland vollends von Ruhrkohle-Lieferungen abgeschnitten; der Streik wirkte sich gegen die eigenen Landsleute aus. Erst Ende

September 1923, vor Anbruch eines neuen Winters ohne Kohle, sah sich die deutsche Regierung zum Einlenken und zur Aufnahme von Verhandlungen mit Frankreich genötigt.

In Frankreich wurden Stimmen laut, die forderten, jetzt noch den einen entscheidenden Schritt weiter zu gehen und das Rheinland vom Deutschen Reich abzutrennen. Aber, wie Georges Clemenceau 1919, so entschied auch Raymond Poincaré, dass es wichtiger sei, die französische Politik in Übereinstimmung mit den angelsächsischen Verbündeten zu formulieren. Der Ruhrkonflikt wurde deshalb in Verhandlungen zwischen Deutschland und Frankreich, an denen mittelbar auch Großbritannien und die USA beteiligt waren, im Sommer 1924 beigelegt. Frankreich hatte auch kaum eine andere Wahl, denn die deutsche Währungsreform, die mit der Schaffung der sogenannten Rentenmark im Herbst 1923 die Hyperinflation beendet hatte, entlastete das Reich nicht nur von allen Kriegsschulden, sondern rief auch internationale Währungsspekulanten auf den Plan, die einen tiefen Fall des französischen Franc bewirkten auf zeitweilig nur noch ein Zehntel seines Werts von 1914.

Unmittelbarer Auslöser für das französische Einlenken und die Aufhebung der Ruhrbesetzung war die Annahme des Dawes-Plans, der eine Reduzierung der an Deutschland gerichteten Reparationsforderungen vorsah. Um diese Zahlungen erst einmal in Gang zu bringen, gewährten die USA Deutschland eine Anleihe von 800 Millionen Dollar. Gleichzeitig verpflichteten sich Frankreich und Großbritannien dazu, mit der Rückzahlung ihrer Kriegsschulden in den USA zu beginnen. Durch diese zirkulären Geldströme wurde für vier Jahre, bis zur Weltwirtschaftskrise von 1929, eine Periode wirtschaftlichen Aufschwungs angestoßen, von dem Sieger wie Besiegte gleichermaßen profitierten. Diese wirtschaftliche Aufhellung bewirkte auch eine unerwartete politische Détente, für die der am 15. Oktober 1925 im schweizerischen Locarno zwischen Deutschland, Frankreich, Belgien, Großbritannien und Italien abgeschlossene Sicherheitsvertrag einsteht. Der Vertrag bekräftigte im Wesentlichen den

Status quo zwischen Deutschland und Frankreich, wie er seit Kriegs-ende bestand. Deutschland verpflichtete sich, das Rheinland als entmilitarisierte Zone zu respektieren, bekräftigte den Verzicht auf Elsass-Lothringen und versprach pünktlich seinen Reparationsver-pflichtungen nachzukommen. Außerdem erhielt Frankreich in Lo-carno die lang erstrebte Garantie Englands für seine Ostgrenze zuge-sichert.

VERHÄNGNISVOLLE FEHLER: APPEASEMENT-POLITIK UND DER BAU DER MAGINOT-LINIE

Diese Garantie sollte sich als fatal erweisen, denn sie bestärkte Frank-reich darin, der eigenen Schwäche allzu leichtfertig nachzugeben und sich ganz der Politik Großbritanniens unterzuordnen. Ein omi-nöses Anzeichen dafür war der Bau der Maginot-Linie, ein Dogma der Defensive, das in der französischen Armeeführung seit Pétains erfolgreicher Verteidigung Verduns unumstößliche Geltung hatte. Unmittelbar hinter der französischen Ostgrenze und deren Verlauf von Basel bis zur belgischen Grenze folgend entstand ab 1930 ein waffenstarrendes System von Bunkern und Sperranlagen, an denen ein deutscher Angriff zerschellen sollte. Die Maginot-Linie war ein technisches Meisterwerk, aber als solches gleichzeitig auch ein schwerer taktischer Fehler, denn ihre bloße Existenz beschnitt die politischen und militärstrategischen Optionen Frankreichs von vor-neherein. Verbündete wie die Tschechoslowakei und Russland fürch-teten, wie sich zeigen sollte, nicht zu Unrecht, dass Frankreich hin-ter der Maginot-Linie tatenlos zusehen würde, wenn Deutschland sie angriffe. Zum Weiteren blieb die Maginot-Linie nur ein Torso, der kurz vor Sedan endete, denn die von dort ursprünglich geplante Ver-längerung nach Westen entlang der belgischen Grenze unterblieb aus Kostengründen. Allein das hätte der ganzen Anlage auch in den Augen jener, die an die Defensiv-Doktrin glaubten, jeden Wert neh-men müssen, denn ein deutscher Angriff musste, wie 1914, nur über Belgien vorgetragen werden, um das Festungswerk zu umgehen.

Die Maginot-Linie, die sich der im Weltkrieg gemachten Erfahrungen verdankte, stand auch ein für eine defensive Mentalität, die das politische System Frankreichs in dem Maße stärker beeinflusste, wie einerseits die wirtschaftliche und finanzielle Misere immer größer wurde und die Handlungsfähigkeit schwacher Regierungen erheblich beeinträchtigte, andererseits Hitler immer aggressiver und fordernder auftrat. Dass insbesondere Frankreich ein Papiertiger war, zeigte sich im März 1936, als die Wehrmacht das entmilitarisierte Rheinland besetzte und Hitler damit den Versailler Vertrag endgültig für null und nichtig erklärte, ohne dass dies Paris zu mehr veranlasst hätte als einen diplomatischen Protest. Für einen Krieg war das Land nicht gerüstet, denn im Schutz der Maginot-Linie leistete sich Frankreich den Luxus einer Wehrpflichtigen-Armee mit einer jeweils knapp einjährigen Dienstzeit. Um also auch nur einer Kriegsdrohung Nachdruck zu verleihen, hätten die Reserven mobilisiert werden müssen, was angesichts der in Frankreich infolge der hohen Menschenverluste des Weltkriegs unvermindert anhaltenden Kriegsmüdigkeit den sofortigen Sturz der Regierung zur Folge gehabt hätte.

Angesichts dieser Verlegenheiten beschränkte sich die französische Außenpolitik mehr und mehr darauf, sich der von Großbritannien gegenüber Hitler-Deutschland schon länger betriebenen «Appeasement»- Politik anzuschließen, die sich auf zwei krasse Fehleinschätzungen gründete. Zum einen auf die Annahme, dass Hitler wie jeder europäische Politiker seiner Generation eine unüberwindlich große Angst vor dem Ausbruch eines neuerlichen Weltkriegs hegte; zum anderen auf die Überlegung, dass die Deutschen legitime Beschwerden gegen die Beschlüsse des Versailler Friedens erheben konnten, denen man um des lieben Friedens Willen stillschweigend stattgeben wollte. Das galt für die Aufkündigung der Reparationszahlungen, für die Rückgabe des Saargebiets an das Reich, die bereits 1935 erfolgt war, ebenso wie für die Tolerierung der Rheinlandbesetzung durch die Wehrmacht. Sehr schnell zeigte es sich aber, dass diese Zugeständnisse Hitler nicht zufrieden stellten, weshalb man nach einigem diplomatischen Hin und Her 1938 auch dem «Anschluss» Österreichs sowie der Abtretung des Sudetenlands an das «Dritte Reich» nicht nur zustimmte, sondern dieses Einknicken in London und Paris sogar als großen diplomatischen Sieg feierte, mit dem der Frieden in Europa auf lange Zeit gesichert sei. Dagegen sprach, dass Hitler-Deutschland dank dieser territorialen Vergrößerungen der volkreichste und mächtigste Staat in Europa war, der insbesondere durch die Schwächung der Tschechoslowakei eine strategische Zentralposition behauptete, der sich kaum mehr etwas entgegensetzen ließe. So sah es auch Hitler, weshalb er im März 1939 die «Rest-Tschechei» zerschlug und damit die militärisch stärkste und industriell am höchsten entwickelte Macht in Ost-Mitteleuropa ausschaltete.

Hitler hatte damit endgültig die «rote Linie» überschritten, die ihm in London und Paris gezogen worden war: Die legitimen Forderungen sollten ihm erfüllt werden, aber jede weitere Expansion würde auf die entschlossene Abwehrfront von Großbritannien und Frankreich stoßen. Deswegen hatten sich beide Länder 1936 insgeheim auf ein Aufrüstungsprogramm verständigt, um dieser Politik die unverzichtbare Substanz zu verschaffen. Außerdem kalkulierten sie darauf, dass es ihnen gelingen würde, die Sowjetunion für ein Bündnis gegen Hitler-Deutschland zu gewinnen. Ein weiteres zentrales Element in der Defensivfront, mit der das «Dritte Reich» in Schranken gehalten werden sollte, war natürlich die famose Maginot-Linie; der wurde angesonnen gemeinsam mit der in ihrer Kampfkraft weit überschätzten französischen Armee zu gewährleisten, dass die deutschen Armeen an einer festen Frontlinie im Westen aufgehalten wurden. Dieses strategische Konzept hatte sein Vorbild im tatsächlichen Kriegsverlauf von 1914–18. Im großen Unterschied zu diesem Konflikt jedoch, so die Überlegung der französischen Generalität, würde sich der Krieg an Frankreichs Ostgrenze so lange festfressen, wie der durch eine umfassende Wirtschaftsblockade ausgelöste Rohstoffmangel sowie die allmählich sich einstellende Überlegenheit der Alliierten Deutschland ein weiteres Mal in die Knie zwänge.

Folglich waren es allein diese Annahmen, auf denen im Frühjahr 1939 London und Paris eine Politik zu basieren suchten, mit der Hitler von weiteren Expansionen abgeschreckt werden sollte. Tatsächlich vertrödelte man aber viel kostbare Zeit, ehe sich beide Mächte zu ernsthaften Bündnisverhandlungen mit Moskau aufrafften. Den Ausschlag dafür gaben eine verständliche Abneigung gegenüber der Sowjetunion wie die falsche Sicherheit, dass Stalin kein anderer Bündnispartner zur Verfügung stünde. In dieser Illusion wurde man noch dadurch bestärkt, dass Moskau am 30. April 1939 Paris den Abschluss eines Militärbündnisses vorschlug. Eine gemeinsame britisch-französische Verhandlungsdelegation traf schließlich am 10. August in Moskau ein. Die Verhandlungen gerieten aber schnell ins Stocken, denn die Bevollmächtigten aus Paris und London sahen sich außer Stande, russischen Truppen den Durchmarsch durch Polen und Rumänien zu gestatten! Das zeigte nicht nur, wie sehr beide Mächte der Sowjetunion misstrauten, sondern darin verriet sich auch, welche Rolle sie in dem geplanten Bündnissystem spielen sollte: Hitler-Deutschland sollte lediglich von sowjetischen Rohstofflieferungen, auf die es bei einem längeren Konflikt angewiesen sein würde, abgeschnitten werden. Diese Aufgabenzuweisung überzeugte Stalin nicht, der nun mit einem jähen politischen Frontwechsel alle Welt verblüffte, indem er die deutsche Karte spielte. Am 23. August 1939 traf Außenminister Joachim von Ribbentrop in Moskau ein und unterzeichnete noch am nämlichen Tag den deutsch-russischen Nichtangriffspakt.

Der Federstrich unter diesem Vertrag brachte das Kartenhaus der politisch-militärischen Strategie, auf die Frankreich und England gesetzt hatten, um Hitlers weiterer Expansion einen Riegel vorzuschieben, zum Einsturz. Schon eine Woche nach Abschluss des deutsch-sowjetischen Nichtangriffspakts wurden die damit ausgestellten Wechsel fällig: Am Morgen des 1. September 1939 fiel die Wehrmacht

in Polen ein, das binnen drei Wochen erobert wurde. Die Verbündeten Polens, Frankreich und England, die sich zur bewaffneten Intervention bei einem deutschen Angriff verpflichtet hatten, warteten
bis zum 3. September, bis sie sich ihrer Bündnispflichten besannen
und dem Deutschen Reich den Krieg erklärten. In Paris klammerte
man sich sogar bis zuletzt an die törichte Hoffnung, ausgerechnet
Mussolini könne Hitler noch dazu bewegen, den Krieg gegen Polen
abzubrechen, wenn man ihm nur genügend Zugeständnisse machte.
Das erhellt, warum die französische Kriegserklärung der britischen
erst mit einigen Stunden Abstand folgte, was aber nichts daran änderte, dass beide Mächte Gewehr bei Fuß zusahen, wie Polen endgültig zerschlagen wurde.

Das war die sogenannte *Drôle de guerre*, der «komische Krieg»,
wie die seltsame Situation genannt wurde, die eintrat, als Frankreich
und England Deutschland zwar den Krieg erklärten, aber die französischen Truppen, die, wie längst für diesen Fall geplant, die Hauptlast des Kampfgeschehens tragen sollten, einfach im Schutz der
Maginot-Linie sitzen blieben und der weiteren Entwicklung harrten.
Das entsprach der strategischen Doktrin, die aus den Erfahrungen
des Ersten Weltkriegs den trügerischen Schluss gezogen hatte, dass
insbesondere die moderne Artillerie der Defensive alle Vorteile im
Kampf verschaffe. Diese falsche Einsicht, die vor allem von Marschall Philippe Pétain vertreten wurde, der in den Jahren zwischen
den Kriegen die militärischen Planungen stark beeinflusste, wurde
insbesondere vom französischen Oberbefehlshaber General Maurice
Gustave Gamelin geteilt, dessen Maxime lautete, «angreifen heißt
verlieren».

DER DEUTSCHE BLITZKRIEG – FRANKREICHS KAPITULATION

Nachdem die Wehrmacht am 9. April 1940 Dänemark und Norwegen
überfallen hatte, die in einem nur zwei Wochen dauernden «Blitzkrieg» erobert wurden, war klar, dass Frankreich das nächste An-
griffsziel Hitlers sein würde. Angesichts dieser Drohung wiegte man

sich in Frankreich in großer Zuversicht, galt doch die Armee als vorzüglich ausgebildet, geführt und motiviert. Außerdem würde es genügen, die Maginot-Linie mit vergleichsweise schwachen Kräften zu bemannen, so dass man das Gros der französischen Streitkräfte an der Grenze zu Belgien massieren konnte, um, womit zu rechnen war, einen Vorstoß der Wehrmacht durch das neutrale Belgien mit weit überlegenen, weil aus der Defensive und auf der inneren Linie operierenden Kräften zu zerschmettern. Diesem Plan entsprechend rückten die Alliierten, französische Truppen und ein englisches Expeditionskorps, in Belgien ein, um die Wehrmacht hier abzufangen, die am Morgen des 10. Mai 1940 den Krieg im Westen begann, als ihre Einheiten in Belgien und Luxemburg einfielen.

Der deutsche Angriff war, obwohl erwartet, für die alliierte Armeeführung, die in den Händen französischer Generale lag, dennoch eine böse Überraschung. Zum einen rollte die deutsche Angriffswelle, deren Spitze Panzerkolonnen bildeten, denen motorisierte Infanteriedivisionen folgten, mit einer Geschwindigkeit ab, die, obwohl man eben diese Taktik im Polenfeldzug hätte studieren können, in den Überlegungen der alliierten Stäbe keine Berücksichtigung gefunden hatte. Zum anderen erfolgte der deutsche Vorstoß nicht dort, wo er erwartet worden war, sondern wurde durch die bis dahin als unwegsam geltenden Ardennen vorgetragen. Als die deutschen Angriffsspitzen am 14. Mai die nur mit schwachen Kräften verteidigten französischen Linien bei Dinant und Sedan durchbrachen und damit die in Nordostfrankreich und Belgien operierende alliierte Hauptstreitmacht im Rücken angriffen, war der Feldzug militärisch bereits so gut wie entschieden. Der deutsche Durchbruch löste in der politischen und militärischen Führung eine schwere Krise aus, die alle Unzulänglichkeiten bei Planung, Koordination und strategischer Einschätzung mit einem Mal zum Vorschein kommen ließ. Damit begann sofort das Spiel der Schuldzuweisungen, das jeden Versuch, die zersplitterten Kräfte zu einer gemeinsamen Verteidigungsanstrengung zu bündeln, von vornherein vereitelte.

Was den «Blitzkrieg» in Frankreich entschied, war nicht ein «Cannae», eine Vernichtungsschlacht, die spätestens seit Königgrätz 1866 das strategische Ideal des deutschen Generalstabs war, sondern der vollständige Zusammenbruch der politischen und militärischen Führung, der Kollaps der französischen Gesellschaft: Die Angreifer schoben eine Welle von sechs oder sieben Millionen Flüchtlingen vor sich her, die alle Straßen in den Süden verstopften und damit das sowieso schon herrschende Chaos noch größer machten. Auch die Regierung verließ Paris fluchtartig, das am 14. Juni 1940 von deutschen Truppen besetzt wurde, und wandte sich zunächst nach Tours und schließlich nach Bordeaux. Hier trat am 16. Juni Premierminister Paul Reynaud zurück, der dieses Amt erst im März übernommen hatte. Sein Nachfolger wurde Marschall Philippe Pétain, der «Held von Verdun», der bereits einen Tag später in einer Radioansprache die französische Niederlage mit den Worten eingestand: «Schweren Herzens sage ich Ihnen, dass wir die Kämpfe einstellen müssen.»

Das war das Signal für die völlige Auflösung. Von nun an galt für Offiziere, Beamte und sonstige Funktionsträger nur noch die Parole: Rette sich, wer kann. Die Armee versickerte in den Flüchtlingsströmen, die sich unablässig nach Süden wälzten. Die Niederlage Frankreichs, die alle Welt in ungläubiges Staunen versetzte, war ein völliger Zusammenbruch, ein moralisches Debakel, das sich umso gespenstischer ausnahm, als es sich in völlig intakten Kulissen abspielte. Der «Blitzkrieg» hatte in Frankreich kaum Verheerungen angerichtet, so schnell hatte sich alles abgespielt. Es war dies, so der Titel eines Essays, den der Historiker Marc Bloch im Sommer 1940 schrieb, *L'étrange Défaite*, «Die unerklärliche Niederlage», die sich umso seltsamer noch dadurch ausnahm, dass sich die überwältigende Mehrheit der Franzosen nicht mit Resignation oder Defätismus in sie schickte, sondern sie geradezu mit Erleichterung begrüßte. Bezeichnend für diese Stimmung ist, dass sehr viele Beamte und Offiziere, die nicht in Gefangenschaft geraten waren, einfach auf ihren Posten blieben und der weiteren Entwicklung harrten.

Auch von jenen französischen Soldaten, die Ende Mai 1940 aus dem Kessel von Dünkirchen evakuiert worden waren und die sich bei Abschluss des Waffenstillstands am 22. Juni in England befanden, entschieden sich so gut wie alle für eine Repatriierung und damit gegen eine Fortsetzung des Kampfs, wozu ein Brigadegeneral namens Charles de Gaulle am 18. Juni in einem von der BBC gesendeten Appell aufgerufen hatte.

Die Waffenstillstandsvereinbarung war die französische Kapitulation, mit der die deutsche Eroberung des Landes besiegelt wurde: Die
Wehrmacht würde Nord- und Westfrankreich einschließlich Paris in
der ganzen Länge der Atlantikküste besetzen. Von den Pyrenäen im
Südwesten verlief die Demarkationslinie bis Tours, wo sie nach Süd-
osten abknickte und über Bourges, Moulins, Dôle bis zur Rhône
Frankreich von West nach Ost durchschnitt. Das unbesetzte Frankreich umfasste nur noch rund ein Drittel der Fläche des bisherigen
Staatsgebiets.

Im Unklaren blieb jedoch, welche Befugnisse eine französische
Regierung noch hatte. Diese Unklarheit entsprang auf deutscher
Seite der Absicht, Frankreich nicht derart in die Enge zu treiben, dass
sich dessen Regierung dazu ermannte, den Krieg vom *Empire* oder
von England aus fortzusetzen. Deshalb wurde Frankreich der Anschein von Souveränität und Handlungsautonomie zugestanden,
durfte es eine Armee von 100 000 Mann unterhalten, die allerdings
nur die innere Sicherheit garantieren sollte und die deshalb auch
keine schweren Waffen erhielt. Für die Besatzungsmacht hatte diese
quasi koloniale Organisation der französischen Ohnmacht überdies
den großen Vorteil, dass die französische Verwaltung und Polizei ihr
einen erheblichen Teil der repressiven Schmutzarbeit abnahm. Arti-
kel 3 der Waffenstillstandsvereinbarungen verpflichtete die französische Regierung dazu, die deutschen Organe bei der Ausübung «ihrer
Rechte als Besatzungsmacht» im besetzten Gebiet zu unterstützen.

Diese vage Formulierung wurde durch die Anweisung spezifiziert, die französische Beamte und Behörden dazu verpflichtete, sich den Entscheidungen der deutschen Besatzung unterzuordnen und mit diesen bereitwillig zu «kollaborieren». Damit enthielt bereits dieses Dokument den fatalen Begriff, der nach dem Ende des Besatzungsregimes als ein Synonym für Hochverrat gelten sollte.

Ein erster Test, ob Frankreich sich diesen Bedingungen unterwarf, war das Verlangen der Besatzungsbehörden, Flüchtlinge aus Nazi-Deutschland aufzugreifen und an die Gestapo auszuliefern. Diesem Wunsch kam die französische Polizei sofort mit Eifer nach. Damit war von Anfang an klar, dass die französische Regierung und deren Behörden von sich aus und ohne Druck oder Drohung seitens der Besatzer zu einer umfassenden Kollaboration bereit sein würden. Hinter dieser Bereitwilligkeit verbarg sich nicht nur eine gewisse Faszination für die als autoritär wahrgenommene und bewunderte Naziherrschaft, in der viele konservative Franzosen den einzig wirksamen Schutz gegen die kommunistische Gefahr zu erkennen glaubten, sondern vor allem auch die illusionäre Hoffnung, auf diese Weise rasch zu einer irgendwie gleichberechtigten Partnerschaft mit der neuen europäischen Ordnungsmacht zu kommen, die Hand in Hand ginge mit einer Normalisierung der Verhältnisse in Frankreich.

Dass diese Hoffnung jedoch völlig abwegig war, zeigte sich sehr bald, als Großbritannien zu erkennen gab, auch ohne den französischen Bundesgenossen den Krieg gegen Hitler-Deutschland fortzusetzen: Am 3. Juli 1940 versenkte die *Royal Air Force* bei einem Überraschungsangriff das Gros der in der Bucht von Mers-el-Kébir ankernden französischen Kriegsflotte. Das sollte verhindern, dass deren Schiffe den Deutschen in die Hände fielen, die damit der britischen Flotte an Schiffseinheiten überlegen gewesen wären. Damit wurden alle Erwartungen enttäuscht, England würde binnen kurzem dem Beispiel Frankreichs folgen und die Waffen strecken. Das vor allem, so war man sich in der französischen Regierung und Öffentlichkeit sicher gewesen, hätte den Krieg rasch beendet.

Das Verlangen, sich mit den Besatzern irgendwie zu arrangieren, wurde zum Weiteren auch durch den verständlichen Wunsch motiviert, eine zügige Normalisierung des Landes zu erreichen, das wegen der riesigen Flüchtlingsströme, die nun der unbesetzten Zone zustrebten, mehr und mehr im Chaos zu versinken drohte. Es war also ein ganzes Bündel von Motiven, die den Ausschlag gaben, dass die unpolitischen und ob der Schnelligkeit des Zusammenbruchs der eigenen, für unüberwindlich gehaltenen Verteidigungsanstrengungen zutiefst verstörten Franzosen in dem 84-jährigen Marschall Philippe Auguste Pétain nicht nur eine Vaterfigur, sondern geradezu den «Retter» erblickten, der sie vor dem Sturz in den Abgrund bewahrte.

Die Figur des «Retters» gehört zum Panoptikum einer vorpolitischen Mythologie in Frankreich. Ursprünglich wurde diese Qualität jedem König angesonnen, der den französischen Thron bestieg und der deshalb jeweils als *bon roi*, als guter, sprich den Nöten und Beschwernissen seiner Untertanen aufgeschlossener Monarch apostrophiert wurde. Mit der Revolution, dem Ende der Monarchie, die ersetzt wurde durch die für ihr eigenes Wohl und Wehe selbstverantwortliche, souveräne Nation, wurde die Rolle des «Retters» obsolet. Seine Abwesenheit war aber nicht von Dauer, denn die Irrungen und Wirrungen der Revolution, die in einer Anarchie von Parteikämpfen versumpfte, ließen bald wieder entsprechende messianische Hoffnungen wach werden. Die verkörperte ein junger, erfolgreicher General namens Napoleon Bonaparte, der, als er sich im November 1799 an die Macht putschte, prompt als «Retter» akklamiert wurde. Der Zweite, der sich in dieser Rolle versuchte, war dessen Neffe, Louis Napoleon, der als Napoleon III. als letzter Monarch über Frankreich herrschte. Der dritte «Retter», der die Bühne Frankreichs betrat, war Marschall Pétain, dem als bislang letzten in dieser Rollenbesetzung 1944 General de Gaulle nachfolgte.

Drei dieser vier «Retter» waren hohe Militärs, *men on horseback*; allen vier war indes gemeinsam, dass sie das jeweils von einer schweren Krise bis in die Grundfesten erschütterte Frankreich mit einem autoritären Regime stabilisierten. Das ist aufschlussreich für die Motive jener, die ihnen als «Retter» zujubelten, denn Frankreich ist ein zutiefst bürgerliches Land. Seine Bewohner fürchten nichts mehr als Chaos und Anarchie, die Missachtung der Eigentums- und Freiheitsrechte. Diese Erfahrung war durch die diversen Revolutionen, die das Land seit 1789 nicht zur Ruhe kommen ließen, stets wachgehalten worden. Deshalb suchten die Franzosen Zuflucht in einer Vergötzung des Staats, für die das napoleonische Modell das seither nicht mehr erreichte Vorbild darstellte. Der Staat war diesem Verständnis nach nicht ausführendes Organ des souveränen Willens der Nation, sondern ein selbstständiges Ganzes und repräsentierte ewig gültige und aller parteilichen Inanspruchnahme entzogene Werte, die weit größer waren als die Summe aller individuellen Ansprüche. Das ist eine Anschauung, die den *esprit de corps* der französischen Staatsbeamten bis heute prägt.

MARSCHALL PHILIPPE AUGUSTE PÉTAIN: «RETTER» UND GRÜNDER DES «NEUEN FRANZÖSISCHEN STAATES»

Vor diesem Hintergrund erschien der greise Pétain deshalb als «Retter», weil sein Nimbus als «Held von Verdun» die Gewähr zu bieten versprach, die Kontinuität dieser spezifisch französischen Staatlichkeit zu sichern. Allein diese Vermutung verschaffte ihm wie dem Regime, das am 1. Juli 1940 seinen Sitz im Badeort Vichy nahm, breite Zustimmung. Am 10. Juli ermächtigte hier die Nationalversammlung die «Regierung der Republik» unter Marschall Pétain dazu, eine neue Verfassung für den «Französischen Staat» auszuarbeiten, von der die «Rechte auf Arbeit, Familie und Vaterland» garantiert werden sollten. Mit diesem Votum wurde die III. Republik durch das Verfassungsorgan, die Nationalversammlung, das sie 1871 geschaffen hatte, beseitigt. Diese Auflösung der III. Republik, deren Gültigkeit von de Gaulle 1944 vehement bestritten werden sollte, war gleichwohl wirksam, zumal sie in Übereinstimmung mit dem Verfassungsrecht gefällt wurde. Pétain war Chef der letzten Regierung der III. Republik. In dieser Eigenschaft wurde er ermächtigt, eine Verfassung vorzulegen, die etwas Neues, den «Französischen Staat» eben, schaffen sollte, der jedoch nicht mehr als Republik firmierte. Entsprechend der Auflage der Nationalversammlung verpflichtete die Verfassung den *Etat français* auf die Grundwerte «Arbeit, Familie, Vaterland». Diese neue Trias löste umgehend das Motto der Revolution «Freiheit, Gleichheit, Brüderlichkeit» ab, zu dem sich die III. Republik als leitendes Prinzip bekannt hatte. Das ganze Verfahren war im Übrigen auch deshalb legitim, weil 569 Abgeordnete und Senatoren dafür und nur 80 Mitglieder der Nationalversammlung dagegen stimmten. Daran ändert auch nichts, wenn man den Nein-Stimmen noch jene 27 Abgeordneten hinzuzählt, die sich zuvor bereits in der Erwartung nach Algier abgesetzt hatten, die Regierung werde von dort den Kampf fortführen; ins Gewicht fielen auch nicht die Stimmen der Kommunisten, deren Partei seit Kriegsbeginn verboten war.

Damit wurde das «Ermächtigungsgesetz» für Pétain im Wesentlichen von einer Versammlung gebilligt, die 1936 die Volksfrontregierung unter Léon Blum gestützt hatte. Einen Tag später verkündete Marschall Pétain den ersten verfassungsrechtlichen Akt, indem er in der Manier eines Monarchen verlautbarte: «Wir, Philippe Pétain, Marschall von Frankreich, erklären mit Blick auf das Verfassungsgesetz vom 10. Juli 1940, dass wir die Aufgabe eines Chefs des Französischen Staates übernehmen.» In Ausübung der ihm in dieser Eigenschaft zustehenden Rechte erklärte er den 14. Juli 1940 zum nationalen Trauertag aus Anlass der französischen Niederlage im Krieg.

Der ganze Vorgang ist nichts weniger als erstaunlich, denn allein die militärische Niederlage rechtfertigte nicht per se die Verabschiedung einer neuen Verfassung. Um Frankreich während der Dauer des Waffenstillstands, d.h. bis zum Abschluss eines Friedensvertrags mit dem Hitler-Reich, zu verwalten, hätte es auch eine geschäftsführende Regierung getan, wie sie beispielsweise in den besetzten Niederlanden oder Belgien amtierte. Noch merkwürdiger nimmt sich deshalb das Verfahren wie die Eile aus, die dem implizit war: Pétain wurde mit allen Vollmachten ausgestattet, eine Verfassung auszuarbeiten, die, wie stillschweigend vorausgesetzt wurde, umgehend von der Nation ratifiziert und umgesetzt werden sollte.

Diese Eile – einem 84-jährigen ist auch in der Rolle eines Moses nicht ewiges Leben garantiert – entsprach den Erwartungen der allermeisten Franzosen, die aus einer Fülle von Gründen die III. Republik gründlich satt hatten. Vielen dürfte der katholische Dramatiker Paul Claudel aus dem Herzen gesprochen haben, der sich damals mit den Worten vernehmen ließ: «Nach sechzig Jahren ist Frankreich endlich vom Joch der radikalen und antikatholischen Partei aus Lehrern, Anwälten, Juden und Freimaurern befreit worden. Die neue Regierung beruft sich auf Gott und stellt die Freiheit der religiösen Orden wieder her. Auch gibt es Anlass zur Hoffnung, dass wir vom allgemeinen Wahlrecht und Parlamentarismus erlöst werden, ebenso wie von der infamen und dummen Gängelung durch die Lehrerschaft, die sich im letzten Krieg mit Schande bedeckte. Die Autorität ist wiederhergestellt.» – Claudel, der das Regime bald durchschaute, stieß bereits im Spätjahr 1941 zur Résistance.

Das Vichy-Regime des Marschalls Pétain als radikaler Gegenentwurf zur laizistischen, zur glaubensfeindlichen III. Republik war vor allem für Katholiken und Konservative aller Schattierungen eine große Verlockung. Kardinal Pierre Gerlier etwa, der Erzbischof von Lyon, verstieg sich damals zu der Mutmaßung, dass, «wären wir siegreich gewesen, wir wahrscheinlich auch die Gefangenen unserer Irrtümer geblieben wären. Dank der umfassenden Säkularisierung lebte Frankreich in ständiger Todesgefahr». Das war gut katholisch gedacht und bestimmte fast bis zum Schluss die Haltung der Kirchenhierarchie. Die blieb dem Vichy-Regime in blinder Loyalität verpflichtet und verurteilte noch im Februar 1944 jeglichen Widerstand als «Terrorismus».

DAS VICHY-REGIME – EINE POLITISCHE UND MORALISCHE
KATASTROPHE

Für Vichy begeisterten sich aber auch all jene, die im Kommunismus die große Gefahr für Frankreich und Europa sahen und denen die Volksfrontregierung bereits einen gehörigen Schrecken eingejagt hatte. Andere hingegen resignierten einfach deshalb, weil sie den deutschen Sieg für endgültig hielten. Diesen galt Vichy als ein Entwurf, der es noch am ehesten erlaubte, sich ohne größere Einschränkungen mit der deutschen Dominanz zu arrangieren. An Widerstand, an *Résistance* jedenfalls dachte in den ersten Monaten, im ersten Jahr der deutschen Okkupation Frankreichs so gut wie niemand.

Für die ganze Bandbreite an Motiven, die anfangs den Ausschlag gaben, sich mit dem Vichy-Regime zu arrangieren, sind die mäandernden Gedanken aufschlussreich, die André Gide im Juni und Juli 1940 dem Tagebuch anvertraute. Am 14. Juni notierte er etwa: «Wir hätten den anderen Krieg [i. e. den Ersten Weltkrieg] nicht gewinnen dürfen. Dieser falsche Sieg hat uns getäuscht. (...) Ja, unser Verderben war der Sieg. Aber werden wir aus der Niederlage lernen? Das Übel ist so tief verwurzelt, dass man nicht sagen kann, ob es zu heilen ist.» An anderer Stelle schreibt er davon, dass allein eine Diktatur Frankreich vor völliger Auflösung bewahren könne, natürlich aber nur eine französische Diktatur. Entsprechende Reflektionen notierte er sogar noch am 7. März 1943: « Ja, schon lange vor dem Krieg haftete Frankreich überdeutlich der Gestank der Niederlage an. Es befand sich schon damals in einer derartigen Auflösung, dass vielleicht das Einzige, was das Land noch retten konnte, möglicherweise eben diese Niederlage war, aus der sich neue Kräfte schöpfen ließen. Ist denn die Hoffnung völlig illusorisch, dass Frankreich aus diesem Albtraum gestärkt hervorgehen wird?»

Das Vichy-Regime gründete sich zunächst auf einen denkbar breiten Sockel an aktiver oder passiver Zustimmung. Das galt vor allem für den Beamtenapparat, der eine umfassende Säuberung erlebte, durch die fast 150 000 Beamte, die als Freimaurer verdächtig waren, ihre Stellung verloren. Der Bürokratie war aus ureigenstem Interesse daran gelegen, dass die staatliche Ordnung möglichst schnell wieder funktionierte, das Regime sich etablierte. Dementsprechend lästig erschienen verfassungsrechtliche Diskussionen, mit denen sich demokratisch gewählte Versammlungen gerne aufhielten. An diese war wegen der deutschen Okkupation des Landes sowieso nicht zu denken, weshalb niemand Anstoß daran nahm, dass die Verfassung einfach von der Exekutive entworfen wurde. Das war nicht nur gut bonapartistisch gedacht, sondern bot auch die Gewähr, dass alles zügig und den autoritären Interessen der Bürokratie gemäß erledigt wurde. Das erhellt, dass von der Masse jener, die Vichy zunächst mit Opportunismus begegneten, die Angehörigen der Funktionseliten diejenigen waren, die dieser Haltung am längsten die Treue hielten und damit einen erheblichen Beitrag zur Stabilisierung und Legitimierung des Regimes leisteten.

Es war vor allem auch dieser Opportunismus, der am nachdrücklichsten das Wesen der Diktatur von Vichy prägte. Weder Pétain noch die meisten seiner engsten und einflussreichsten Mitstreiter waren vom Nazismus infiziert. Wenn sie einen gemeinsamen ideologischen Nenner hatten, dann den einer unbedingten Ablehnung jenes Identitätsangebots, an dessen Durchsetzung die III. Republik gescheitert war. Bezeichnend dafür war, dass das Regime die von Jules Ferry geschaffenen *écoles normales* schloss, die als Zentren für die Verbreitung des verhassten republikanischen Gedankenguts galten. Auch die Lehrpläne der weiterführenden Schulen wurden drastisch korrigiert. Außerdem wurde wieder ein Schulgeld für die Gymnasien eingeführt, um deren Besuch sozial einzuschränken. Ebenso wurde das von Jules Ferry erlassene Verbot der lehrenden Orden aufgehoben und Städte und Gemeinden dazu aufgefordert, katholische Privatschulen finanziell zu unterstützen.

Alle diese Ouvertüren wurden durch eine Annäherung der katholischen Kirche an das Regime belohnt. Als Pétain im November

1940 Lyon besuchte, um dort den Grundstein einer neuen Brücke zu legen, die seinen Namen tragen sollte, hieß ihn Kardinal Gerlier mit den Worten willkommen: «Pétain ist Frankreich und Frankreich ist Pétain.» Der «Tag der Arbeit» am 1. Mai, der von Vichy sogleich abgeschafft worden war, wurde von der Kirche als Namenstag von Saint Philippe gefeiert. Damit nicht genug, forderte die französische Bischofskonferenz am 24. Juli 1941 alle Franzosen dazu auf, sich um Pétain zu scharen, eine Mahnung, die zu diesem Zeitpunkt sehr *à propos* war, denn nach dem deutschen Angriff auf die Sowjetunion am 22. Juni 1941, der die Hoffnungen auf ein baldiges Kriegsende und eine damit verbundene Normalisierung zunichte machte, begann die Zustimmung zum Regime spürbar abzunehmen. Deshalb wurden im August 1941 auch alle politischen Parteien und Versammlungen verboten.

Marschall Philippe Auguste Pétain, der Chef von Vichy-Frankreich

« La patience est peut-être aujourd'hui la forme la plus nécessaire du courage. »

Die «nationale Revolution», die das Vichy-Regime durchzusetzen suchte, zielte im Wesentlichen darauf ab, alten Gewissheiten, Werten und Sehnsüchten neue Geltung zu verschaffen. Damit im Einklang stand der Personenkult, der sich um Pétain entwickelte und der dessen väterliche Autorität gegenüber der Nation unterstreichen sollte. Büsten Pétains verdrängten in den Rathäusern die der Marianne, und das Bild des Marschalls schmückte auch Briefmarken und Münzen. Überdies entwickelte sich Vichy zu einem «politischen Wallfahrtsort», zu dem Delegationen aus ganz Frankreich reisten, um in Audienz empfangen zu werden. Das waren die äußerlichen Aspekte eines Ordnungsentwurfs, mit dem das Regime, wie Pétain bereits im Juni 1940 sagte, die Wiedergeburt Frankreichs erreichen wollte.

Dieser Ordnungsentwurf, in dem sich die verschwommene, hochkonservative Ideologie des Regimes materialisierte, stützte sich vor allem auf zwei Elemente. Das eine war die Familie, der bereits in dem nun gültigen Motto von «Arbeit, Familie, Vaterland» herausgehobene Bedeutung zugebilligt worden war. Dementsprechend wurden die Zuwendungen für kinderreiche Familien erhöht und die Paragraphen des Scheidungsrechts verschärft, auf Abtreibungen stand die Todesstrafe, die aber nur in wenigen, sehr schweren Fällen verhängt wurde. Versuche, auch die Berufstätigkeit von Frauen gesetzlich einzuschränken, mussten jedoch nach 1942 wegen des zunehmenden Arbeitskräftemangels wieder teilweise rückgängig gemacht werden.

Das andere Element war, die gesellschaftlichen Kräfte von Kapital und Arbeit in jeweils branchenspezifischen Syndikaten oder Korporationen zu organisieren, die sich am vagen Vorbild der mittelalterlichen Gilden und Zünfte orientierten. Damit wurde nicht nur die Absicht verfolgt, alle Spielarten des verhassten «Parlamentarismus», das freie Spiel divergierender politischer und wirtschaftlicher Interessen zu beseitigen, sondern auch eine straffe, bürokratisch vermittelte Führung aller gesellschaftlichen Abläufe zu gewährleisten, die

entwexer von unpolitischen «Fachleuten» oder ideologisch zuverläs-
sigen Führern kontrolliert und gesteuert wurden. Ein Anfang wurde
mit dem Erlass vom 16. August 1940 gemacht, der in jeder Branche
die Gründung von «Organisationskomitees» veranlasste, mit der die
angeblich durch den Antagonismus von Kapital und Arbeit provozierte Anarchie des freien Marktes durch die Gründung von Syndikaten beseitigt werden sollte.

Im Dezember 1940 wurde als Erstes ein Landwirtschaftssyndikat
gesetzlich verankert, dessen Aufgabe es war, die den bäuerlichen Familien gemeinsamen Interessen in moralischer, sozialer und wirtschaftlicher Hinsicht zu fördern. Allein wer Mitglied in diesem Syn-
dikat war, hatte Anspruch auf staatliche Zuwendungen. Als zweiter
Schritt folgte im Oktober 1941 die Proklamation einer *Charte du
travail*, die unter anderem alle Branchen und Berufe in 29 «Familien»
organisierte und in denen jeder Unternehmer oder Arbeiter Mitglied
sein musste. Ein am 9. November 1941 erlassenes Gesetz verbot konsequenterweise Gewerkschaften und alle Formen des Arbeitskampfs,
insbesondere Streiks.

Diese und andere Initiativen sollten die beabsichtigte «nationale
Revolution» vollenden. Die blieb jedoch nur Stückwerk, denn die
Ausweitung des Kriegs und dessen nach Stalingrad 1942/43 sich ab-
zeichnende Wende ließen Vichy-Frankreich immer ärger in den
Würgegriff der Besatzungsmacht geraten, was zur Folge hatte, dass
das Regime rasch totalitäre Züge annahm und Faschisten stetig an
Einfluss gewannen. Auch wenn diese Entwicklung unvermeidlich
war, so ist es doch Vichy gewesen, das von sich aus den ersten fatalen Schritt unternahm, als es Nazi-Deutschland förmlich darum
bat, den Beitrag Frankreichs beim Neuaufbau Europas zuzulassen.
Bei seinem einzigen Treffen mit Hitler in Montoire am 24. Oktober
1940 sprach sich Pétain für einen Frieden aus, der jenen eine Chance
gäbe, die einen Neuanfang versuchen wollten. Was damit gemeint
war, führte er in einer Rede am 30. Oktober aus, in der er ausdrücklich die «Kollaboration» Frankreichs mit Deutschland beim Aufbau

eines neuen Europa forderte. Seine Rede schloss mit den Worten: «Ich allein bin es, über den die Geschichte ihr Urteil fällen wird. Bis jetzt habe ich als ein Vater zu euch gesprochen. Von nun an spreche ich als ein Führer. Folgen Sie mir!»

DAS DUNKELSTE KAPITEL VON VICHY: KOLLABORATION UND HOLOCAUST

Diese Worte wie die politischen Absichten, die sie andeuten, leiten das dunkelste Kapitel von Vichy ein: die lange beschwiegene, überaus eifrige Bereitschaft der Repräsentanten des Regimes, den Nazis zu Willen zu sein, ihnen alle Wünsche und Forderungen prompt und ohne Rücksicht auf die eigenen Landsleute zu erfüllen. Daran hielt man auch dann noch fest, als sich nicht mehr leugnen ließ, dass sich Hitler allen Vorschlägen, die Kollaboration auf die Grundlage beider Seiten bindender Verträge zu stellen, verweigerte. Selbst das hinderte das Vichy-Regime nicht daran, Arbeitskraft und Industrie der Nation in den Dienst der deutschen Rüstungsanstrengungen zu stellen. An dieser Bereitschaft änderte sich auch nichts, als die Erwartungen, die mit einem schnellen Sieg der deutschen Waffen rechneten, enttäuscht und gleichzeitig die Forderungen der Besatzer immer größer und rücksichtsloser wurden. Schätzungsweise ein Drittel der Güter, die während der vierjährigen Dauer des Vichy-Regimes in Frankreich erzeugt wurden, gingen nach Deutschland. Besonders spürbar war dieser Aderlass bei der Lebensmittelproduktion: Viele Franzosen litten Hunger, weil Vichy jährlich bis zu 700 000 Tonnen Getreide und über 250 000 Tonnen Fleisch nach Deutschland lieferte. Ihrem schieren Umfang nach entsprachen diese Ausfuhren dem, was die Nazis aus den von ihnen besetzten, überwiegend landwirtschaftlich geprägten Gebieten in Mittel- und Osteuropa herauspressten.

In seinen Dimensionen noch erschreckender ist die finanzielle Ausplünderung des Landes, die von Vichy zumindest toleriert wurde. Allein die Transferzahlungen für Besatzungskosten u. ä. beliefen sich

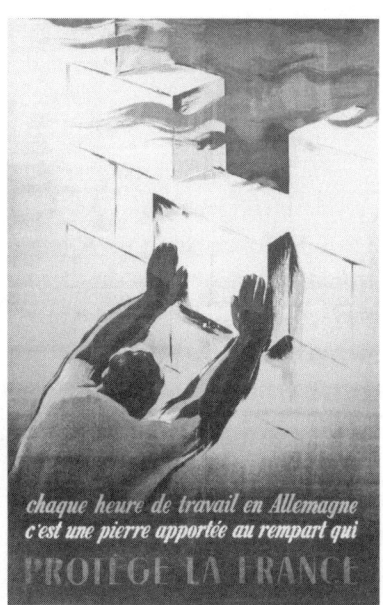

Plakat des Vichy-Regimes, mit dem Franzosen für den Arbeitseinsatz in Nazi-Deutschland geworben werden sollten.

chaque heure de travail en Allemagne c'est une pierre apportée au rempart qui PROTÈGE LA FRANCE

auf 632 Milliarden Francs, die rund 58 Prozent der Steuereinnahmen ausmachten! Frankreich war damit unter allen besetzten Staaten derjenige, der mit weitem Abstand den größten materiellen Beitrag für Hitlers Vernichtungskrieg leistete. Damit nicht genug, stellte das Regime auch die Arbeitskraft seiner Bürger der Besatzungsmacht zur Verfügung. Ab April 1942 wurden von Vichy Freiwillige für die Arbeit in deutschen Fabriken angeworben. Bis zum Februar 1943 belief sich deren Zahl bereits auf über 300 000. Als der Bedarf größer wurde, war das Regime den deutschen Wünschen erneut zu Willen und erließ Mitte Februar 1943 ein Gesetz, das den berüchtigten *Service de travail obligatoire* (STO) einführte, die Verpflichtung junger Leute zur Zwangsarbeit in Deutschland, wo bald 730 000 tätig waren. Um nur ja die von den Deutschen angeforderten Quoten pünktlich zu erfüllen, wurde auf diejenigen, die sich der Zwangsarbeit zu entziehen suchten, von der französischen Polizei und vor allem von den im Januar 1943 gegründeten Milizverbänden, deren Vorbild die SS war, Jagd gemacht.

Es muss noch einmal betont werden: Alles das wurde von dem Regime aus freien Stücken getan, ohne dass die Besatzungsmacht mit Drohungen oder gar Gewalt darauf hinwirken musste. Das wichtigste Motiv, das die Machthaber von Vichy zunächst dazu veranlasste, war ihre Hoffnung, von Hitler-Deutschland als ein Partner beim Aufbau des neuen Europa anerkannt zu werden. Daran klammerte man sich, um das eigene Tun zu rechtfertigen. Diese Illusion zerbrach jedoch endgültig im November 1942, als in Reaktion auf die Landung der Alliierten in Nordafrika auch Vichy-Frankreich unter eklatanter Verletzung des Waffenstillstands von der Wehrmacht besetzt wurde. Paradoxerweise wurde aber gerade jetzt, da sich die Perspektive, dass das «Dritte Reich» den Krieg verlieren würde, immer deutlicher abzeichnete, die Kollaboration in vieler Hinsicht erheblich verstärkt und ausgeweitet. Eine plausible Erklärung dafür ist, dass alle jene, die bis 1942 aus persönlichem oder politischem Opportunismus mit der deutschen Besatzungsmacht kollaboriert hatten, in Vichy nun durch solche ersetzt wurden, die glühende Faschisten waren. Dieser Austausch markiert eine Radikalisierung des Vichy-Regimes, bei dem jetzt Elemente deutlicher zum Vorschein kamen, die, wie der Antisemitismus, in einem erschreckend breiten Milieu der französischen Gesellschaft tief verwurzelt waren. Allerdings war dieser Antisemitismus im Unterschied zu seinem nazistischen Geschwister nicht rassistisch geprägt, sondern wurde von traditionellen katholischen Vorbehalten beeinflusst.

Aus jener widerwärtigen, allen Idealen der Aufklärung wie der Revolution Hohn sprechenden Strömung, die damals an die Oberfläche der Gesellschaft trat, speiste sich auch jene verworrene Ideologie, die von Anfang an für Vichy charakteristisch war und die sich auch nicht scheute, ihre Fratze sofort zu zeigen: Eine Woche nachdem Pétain zum Chef des Vichy-Regimes gewählt worden war und sein Amt angetreten hatte, wurde ein Gesetz erlassen, das jedem den Beamtenstatus versagte, der nicht einen «französischen», d.h. nichtjüdischen Vater nachweisen konnte, eine Bestimmung, die bald auch auf Ärzte und Anwälte ausgeweitet wurde. Eine weitere einschlägige Maßnahme war die Einrichtung einer Kommission am 22. Juli 1940, die alle Einbürgerungen, die seit 1927 ausgesprochen worden waren, überprüfen sollte. Rund 15 000 Menschen wurde infolge dessen die französische Staatsbürgerschaft wieder aberkannt, darunter 6000, weil sie Juden waren. Am 13. August wurden auch alle Freimaurerlogen verboten und Beamte und Lehrer mussten von nun an einen Eid ablegen, weder Freimaurer noch jüdischer Abstammung zu sein. Am 27. August wurde die Verordnung aufgehoben, die rassistisch oder religiös motivierte Äußerungen unter Strafandrohung stellte, wenn sie zum Hass aufriefen. Das war das Signal für die rechtsextreme Presse, mit antisemitischen Kampagnen zu beginnen.

Nach diesen aus freien Stücken veranlassten diskriminierenden Regelungen kann es nicht überraschen, dass die französische Polizei in der besetzten Zone bereitwillig dem deutschen Verlangen nachkam, die hier lebenden Juden zu registrieren. Anfang Oktober 1940 erließ Vichy seine eigenen «Judenstatuten». Das erste davon sollte «Juden mit französischer Staatsangehörigkeit» auf Grundlage rassischer Kriterien identifizieren. Als «Jude» galt demnach, wer drei jüdische Großeltern hatte. Das genügte, um dessen Ausschluss von der Berufsausübung in den Bereichen Politik, Rechtsprechung, Armee oder Presse zu rechtfertigen, während für Universitätslehrer oder freie Berufe Quoten von maximal 3 respektive 2 Prozent eingeführt wurden. Bis zum Juni 1942 wurde dieser *Numerus clausus* auch auf Anwälte, Hebammen oder Schauspieler ausgedehnt, für die jeweils eigene Quotenregelungen festgelegt wurden. Das zweite «Judenstatut» galt nur für «ausländische» Juden, über die sofort Hausarrest verhängt oder die in Lagern interniert wurden. Solche speziell für Juden bestimmten Internierungslager gab es in der besetzten wie der unbesetzten Zone und selbst in Algerien. Ende März 1941 wurde in Vichy schließlich auch ein Generalkommissariat für jüdische Angelegenheiten eingerichtet, dessen Chef der ausgewiesene Antisemit Xavier Vallat war.

Der gesellschaftliche Ausschluss war die Vorstufe für die physische Vernichtung der Juden. Zwar war es nicht der Wille Pétains, jüdische Familien, die seit Generationen in Frankreich lebten, zu internieren und zu deportieren, aber er stimmte allen Vorschlägen zu, die geeignet schienen, deren angeblich überproportional großen Einfluss zu beschneiden. Das war beispielsweise die Absicht, die sich hinter der von Vallat Ende Juli 1941 angeordneten Erfassung aller jüdischen Vermögen verbarg. Gestützt auf dieses Zahlenwerk wurde eine umfassende «Arisierung» jüdischer Geschäfte eingeleitet, um, wie die Begründung dafür lautete, jüdische Einflüsse auf die Volkswirtschaft zu beseitigen. Bezeichnend für den Zynismus, mit dem dabei zu Werke gegangen wurde, ist das Gesetz vom 29. November 1941, mit dem die *Union générale des Israélites de France* (UGIF) geschaffen wurde, deren wichtigste Aufgabe es sein sollte, verarmte Juden finanziell zu unterstützen.

Vallat war aber nicht der Mann, der sich als Werkzeug für die «Endlösung» verwenden ließ, weshalb er am 18. April 1942 abgelöst und durch Louis Darquier de Pellepoix ersetzt wurde. Dieser Personalwechsel ging unmittelbar jenen systematischen Deportationen französischer Juden in die Vernichtungslager im Osten Europas voraus, die nach einem Besuch Adolf Eichmanns Ende Juni 1942 in Paris in Gang kamen. Bereits ab dem 7. Juni 1942 mussten alle Juden, die älter als sechs Jahre waren, in der besetzten Zone den gelben Stern tragen. Während diese sichtbare Stigmatisierung von Juden in Vichy nicht eingeführt wurde, erwiesen sich andererseits die französischen Behörden und die Polizei als bereitwillige Helfer, die Juden für die Deportation zusammenzutreiben. René Bousquet, der Polizeichef von Vichy, schloss mit den deutschen Besatzungsbehörden im Juli 1942 ein entsprechendes Abkommen: Gemäß den von den deutschen Behörden vorgegebenen Deportationsquoten würde die französische Polizei für die Verhaftung, Bewachung und zeitweilige Internierung der Juden sorgen, bis sie im Transitlager Drancy bei Paris in die Züge gepfercht wurden, die nach Auschwitz rollten. Der erste dieser Züge verließ Drancy am 27. März 1942; der letzte am 31. Juli 1944.

Von den rund 300 000 französischen Juden hat Serge Klarsfeld die Namen von 75 721 Deportierten eruiert, unter denen sich rund 10 000 Kinder befanden, zu deren Ermordung französische Behörden auf verschiedene Weise Beihilfe leisteten. Die katholische Kirche Frankreichs machte sich durch Schweigen und stille Duldung schuldig. Bei einer Konferenz französischer Kardinäle und Erzbischöfe, die am 31. August 1941 in der unbesetzten Zone stattfand, wurden antisemitische Maßnahmen ausdrücklich befürwortet, solange sie dem gemeinen Nutzen dienten und sie Recht und Billigkeit entsprächen. Erst nachdem die Deportationen in Gang gekommen waren, wagten es einzelne Kirchenfürsten, vorsichtig Kritik zu äußern.

Frankreich hat sich lange schwer getan, die Mitverantwortung des *Etat français* von Vichy am Holocaust einzugestehen. Das war eine Verdrängung, die zur Ursache seltsamster Verirrungen wurde. Paradigmatisch für diese steht die Karriere von Maurice Papon, der während des Vichy-Regimes verantwortlich war für die Deportation der Juden aus Bordeaux. Nach Kriegsende fand dieser «Polizeifachmann» zunächst als Präfekt in Marokko und Algerien Verwendung. Hier erwarb er sich die Kenntnisse und Praktiken kolonialer Terrorismusbekämpfung, die ihn in den 60er-Jahren, als der algerische Unabhängigkeitskampf in die Metropole überschwappte, als den geeigneten Mann für den Posten eines Polizeipräfekten in Paris empfahlen. Unter Papons Verantwortung fand hier unter anderem das berüchtigte Massaker des 17. Oktober 1961 statt, als mitten in Paris eine friedliche Demonstration von Algeriern, Männern, Frauen und Kindern, von der Polizei mit beispielloser Brutalität unterdrückt wurde, die mehrere Dutzend Todesopfer und Schwerstverletzte forderte.

Die Auseinandersetzung mit der Vichy-Vergangenheit, die lange Zeit durch die bequeme Akzeptanz des *Résistance*-Mythos vereitelt wurde, setzte in Frankreich spät und nur sehr zögerlich ein. Bücher von Historikern, die seit den 80er-Jahren in Abständen erschienen und die diesen Mythos mit akribischer Beweisführung infrage stellten, erreichten das breite Publikum nicht. Das schafften nur Filme, aber auch nicht auf Anhieb, wie das Beispiel von Marcel Ophüls' 1971 entstandenem Dokumentarfilm *Le Chagrin et la Pitié* zeigt, der erstmals im Oktober 1981 im staatlichen Fernsehen gezeigt wurde. Eine frühere Ausstrahlung des Films wurde mit der bemerkenswerten Begründung verboten, der Film zerstöre Mythen, auf die das französische Volk noch nicht verzichten könne. Eine andere Wirkung hatte hingegen Louis Malles Film *Adieu les Enfants*, die Geschichte eines jüdischen Jungen, der 1944 in einem französischen Internat Aufnahme fand und der gemeinsam mit seinem Lehrer, der ihn schützen will, in die Fänge der Gestapo gerät. Dieser Film wurde, als er 1987 in die Kinos kam, sofort ein großer Erfolg. Dazu trug gewiss auch die Presseberichterstattung bei, die der im nämlichen Jahr stattfindende Prozess gegen den einstigen Gestapo-Chef von Lyon, Klaus Barbie, des Henkers von Jean Moulin ausgelöst hatte.

In gewisser Weise bestätigte der Barbie-Prozess aber auch die alte Schablone, mit der die französische Verantwortung an Vichy wahrgenommen wurde, denn schließlich war der Angeklagte ein Deutscher. Aber gleichzeitig waren auch drei Verfahren gegen Franzosen anhängig, die dem Vichy-Regime gedient hatten: René Bousquet, der Polizeichef von Vichy und als solcher mitverantwortlich für Razzien gegen Juden, die mit deren Deportation und sicherem Tod endeten, fiel 1993 kurz vor Eröffnung seines Prozesses einem Mordanschlag zum Opfer; Maurice Papon, der 1942 als Polizeichef von Bordeaux Befehle zur Deportation von 800 Juden unterschrieben hatte, wurde 1998 zu zehn Jahren Haft verurteilt und Paul Touvier, der bezichtigt wurde, 1944 sieben Geiseln erschossen zu haben, erhielt 1994 eine lebenslange Haftstrafe.

Der Verlauf, den diese drei Verfahren nahmen, ist jedoch bezeichnend für die Zählebigkeit des *Résistance*-Mythos. Der Prozess gegen Bousquet wurde auf Einwirkung von Staatspräsident Mitterrand hin, der mit ihm seit gemeinsamen Vichy-Tagen befreundet war, verzögert, wie er selber öffentlich eingestand. Seine Begründung lautete, dass das französische Volk sich längst ausgesöhnt habe. Mit anderen Worten: Niemand sollte an die alten Wunden rühren. Dementsprechend weigerte er sich auch, anlässlich des 50. Jahrestags der ersten großen, von der französischen Polizei organisierten Judenrazzia in Paris am 16. Juli 1942 die Verbrechen des Vichy-Regimes einzugestehen. Die Republik habe, so Mitterrand damals, nichts mit diesen Verbrechen zu schaffen. Das war auch die Haltung de Gaulles gewesen.

Mit diesem Legalmystizismus räumte erst Jacques Chirac auf, der am 16. Juli 1995 eine bewegende Rede hielt, in der er eingestand, dass der kriminelle Wahnsinn der Okkupationsmacht vom französischen Volk, vom französischen Staat unterstützt worden sei. Frankreich, das Vaterland der Aufklärung und der Menschenrechte, das Land des Willkommens und des Asyls habe sich an diesem Tag des nicht wieder gut zu Machenden schuldig gemacht. Unter Verletzung seines Ehrenworts seien diejenigen, die es hätte schützen müssen, ihren Henkern ausgeliefert worden.

5

WIDERSTAND
UND BEFREIUNG

La Résistance, der Widerstand, den das französische Volk gegen die deutsche Besatzung und das Vichy-Regime leistete, ist eines der wichtigsten Elemente der nationalen Identität. Den Widerstand symbolisierte und repräsentierte von Anfang an ein Mann: General Charles de Gaulle. Auf die Ansprache Marschall Pétains vom 17. Juni 1940, den Kampf gegen einen in jeder Hinsicht überlegenen Gegner einzustellen, antwortete de Gaulle in der BBC am Abend des folgenden Tags von London aus mit dem *Appel du 18 juin*. Diese rund vierminütige Rundfunkansprache markiert den Beginn der politischen Selbstbehauptung des «Freien Frankreich».

GENERAL CHARLES DE GAULLE: «RETTER» UND GRÜNDER DES «FREIEN FRANKREICH»

Zwar musste auch de Gaulle einräumen, was nicht zu leugnen war, dass die französischen Streitkräfte von einem weit überlegenen Gegner überwältigt worden waren. An diese Feststellung knüpfte er drei rhetorische Fragen, mit denen er die in Frankreich herrschende lähmende Resignation umriss. Ist damit das letzte Wort gesprochen worden? Gibt es keinerlei Hoffnung auf eine Wende? Ist die Niederlage endgültig? Auf alle diese Fragen antwortete de Gaulle mit einem bestimmten Nein, denn, so führte er zur Begründung aus, dieselben Taktiken, die zur Niederlage führten, könnten eines Tages den Sieg verschaffen. Frankreich sei keineswegs allein; noch sei das französische Kolonialreich intakt, gebe es das Bündnis mit Großbritannien und das große industrielle Potential der USA.

Mit diesen wenigen Worten gab de Gaulle zu erkennen, dass er den Konflikt, in dem Frankreich besiegt worden war, in einer weiteren Perspektive sah als die meisten seiner Landsleute oder deren Repräsentanten. In Vichy stützte man sich hingegen auf die Annahme, der Krieg bliebe auf den europäischen Schauplatz begrenzt, auf dem Deutschland triumphiert habe. Damit seien die Grundlagen einer neuen machtpolitischen Realität geschaffen worden: Der Kontinent werde vom Deutschen Reich dominiert und Frankreich müsse sich seiner Selbstbehauptung willen damit abfinden. De Gaulle jedoch hatte die zutreffende Vision. Der Krieg würde weitergehen und sich zum Weltkrieg ausweiten. Allein deshalb sei die Annahme falsch, der Krieg bliebe auf Europa beschränkt und sei mit der Niederlage Frankreichs bereits entschieden. Alle Fehler, die gemacht worden seien, alle Leiden, die man erfahren habe, änderten nichts an der Tatsache, dass im gesamten Erdkreis jene Ressourcen vorhanden seien, um eines Tages den Feind zu vernichten, denn es sei das Schicksal der ganzen Welt, das auf dem Spiel stünde. Was immer also geschehe, schloss de Gaulle diesen Appell, die Flamme des französischen Widerstands dürfe nicht verlöschen.

Diese von einem leidenschaftlichen Glauben an Frankreich, an die Zukunft der Nation in Würde und Freiheit zeugende Ansprache haben damals nur wenige Franzosen vernommen. Noch weniger aber waren es nachweislich, die sich davon überzeugen ließen und sich auf die Seite de Gaulles schlugen. In dem Duell, das der General gegen den Marschall führte, schien zunächst Pétain zu obsiegen. Dessen Person und Rolle war für die meisten in den falschen Zauber eines Vaters und Retters vor dem Hintergrund einer alle Gewissheiten erschütternden Situation getaucht. Zum Weiteren lähmte diese das Erlebnis, dass «das Schicksal Frankreichs nicht länger mehr von den Franzosen abhängt», wie der Historiker Marc Bloch damals schrieb. Eben diese Resignation sicherte dem Vichy-Regime im Sommer 1940 breite Zustimmung und verurteilte jeden Gedanken an Widerstand als absurd. Dafür hätte es auch etwas gebraucht, was den

Menschen völlig abhanden gekommen war: die Hoffnung auf eine Alternative.

De Gaulles Appell vom 18. Juni mochte zwar ungehört verhallt sein, aber damit schuf er gleichzeitig die Grundlage für einen Mythos, der nicht nur an Ausstrahlung und Kraft gewann, sondern dank dessen es ihm auch gelang, allen Rückschlägen zum Trotz die politische Wirklichkeit eines französischen Staates zu schaffen, der sich nicht ergeben, sondern den Kampf fortgesetzt hatte und der sich deshalb gleichberechtigt den Siegermächten in diesem Krieg hinzugesellen konnte. Was ihm die Kraft und die Herrlichkeit verschafft hatte, diese Vision zu entwickeln und ihr unbedingte Treue zu halten, hat de Gaulle zu Anfang seiner Memoiren mit den bekannten Sätzen ausgesprochen, dass er sein ganzes Leben lang eine *certaine idée de la France* gehabt habe, zu der ihn sowohl Gefühl wie Verstand inspirierten. Seinem Instinkt verdanke er den Eindruck, dass die Vorsehung Frankreich für das Gelingen großer Taten oder das Erleiden eines exemplarischen Unglücks geschaffen habe, weshalb es ihm als eine absurde Anomalie erschienen sei, wenn dessen Taten und Äußerungen von Mittelmäßigkeit geprägt wären; derlei sei allenfalls den Fehlern der Franzosen, aber nicht dem *génie de la patrie* anzulasten. Sein Verstand sage ihm andererseits aber auch, dass Frankreich nur dann es selber sei, wenn es den ersten Rang einnehme. «Kurz, nach meinem Verständnis kann Frankreich nicht Frankreich sein *sans la grandeur*.»

Diese Sätze spiegeln das Geschichtsbild wieder, das an den Schulen der III. Republik vermittelt wurde und dem der dem konservativen katholischen Milieu der einstigen *noblesse de robe* entstammende de Gaulle zeit seiner Karriere als Berufsoffizier, die er 1910 mit dem Eintritt in die Militärakademie von Saint-Cyr begann, die Treue hielt. Sein langjähriger Vorgesetzter und Förderer vor, während und nach dem Ersten Weltkrieg war übrigens ein gewisser Philippe Pétain, der auch die Patenschaft seines Sohnes, des späteren Admirals Philippe de Gaulle, übernahm. Während Pétain das Schicksal

Frankreichs an das von Hitler-Deutschland band, dessen momentane Überlegenheit er mit Unbesiegbarkeit verwechselte, sah de Gaulle weiter, wusste er darum, dass in dem Konflikt die angelsächsischen Mächte allein aufgrund ihrer materiellen Überlegenheit triumphieren würden. Deshalb erfand er sich ein mythisches Frankreich, das den Kampf fortsetzen und das schließlich gleichberechtigten Anteil am Sieg für sich einfordern konnte.

Das war lange Zeit ein tollkühner und angesichts der Ohnmacht Frankreichs reichlich abwegig anmutender Entwurf, den zu vertreten de Gaulle außer der *certaine idée de la France* keinerlei Mandat oder Macht hatte. Das Vichy-Regime wurde von den meisten Staaten einschließlich der USA und Großbritanniens als legale Regierung Frankreichs anerkannt. Allein das entzog de Gaulles Anspruch, Frankreich zu vertreten, den Willen der Nation zu artikulieren, den Boden. Selbst Churchill unterstützte ihn nur deshalb, weil er damit eine Gegenregierung anerkennen wollte, um im Kampf gegen Hitler noch einen weiteren Verbündeten aufbieten zu können, auch wenn dessen Kampfkraft sich fürs Erste in fragwürdiger Symbolik erschöpfte. Das war de Gaulle umso schmerzlicher bewusst, als ihn die US-Regierung zunächst völlig ignorierte, um ihn dann, als sie nicht mehr umhin konnten, ihn wahrzunehmen, mit tiefem Misstrauen zu begegnen.

Wer als Macht gelten will, muss sich auf eine Macht stützen können. Diese Binsenweisheit hat in Kriegszeiten eine besondere Bedeutung. De Gaulle wusste, dass das Frankreich, das er repräsentierte, seitens der Alliierten so lange keine Anerkennung finden würde, wie es nicht eine eigene Streitmacht ins Feld stellen konnte. Diese zu schaffen, war seine erste und dringendste Aufgabe. Anfang August 1940 vereinbarten de Gaulle und Churchill, dass Großbritannien Aufstellung und Unterhalt französischer Streitkräfte finanzieren werde. Diese Truppe sollte unter dem Oberbefehl de Gaulles stehen und unter allen Umständen auch als eine rein französische Formation gelten. Auch das war zunächst nur ein Wechsel auf die Zukunft, denn die meisten französischen Soldaten, die aus dem Kessel von Dünkirchen nach England evakuiert werden konnten, traten nicht unter die Fahne de Gaulles, sondern zogen es vor, ins besetzte Frankreich zurückzukehren, obwohl ihnen dort die Kriegsgefangenschaft drohte. Nach der Versenkung eines Großteils der französischen Flotte durch die Briten am 3. Juli 1940 vor Mers-el-Kébir trocknete das Rinnsal jener, die de Gaulles Appell folgten, fast vollständig aus. Trotzdem behauptete er bereits Ende Juli, dass rund 7000 Mann seinem Befehl unterstanden. Aber das war noch lange keine Streitmacht, die ihm Macht verschaffte.

Diese Macht, die ihm fehlte, ließ sich aber möglicherweise in den Weiten des französischen Kolonialreichs finden, dem damit mit einem Mal jene Bedeutung zuwuchs, die bislang nur eine gern gebrauchte Behauptung derer gewesen war, die den potentiellen Nutzen von dessen kostspieliger Existenz zu erweisen suchten. Félix Eboué, der dunkelhäutige Gouverneur des Tschad, war der Erste, der sich Ende August 1940 auf die Seite de Gaulles schlug. Zwar ließ sich mit dem Tschad, dem nördlichsten, abgelegensten und ärmsten der vier Verwaltungsbezirke von Französisch-Äquatorialafrika, der von Nomaden und Hirten nur sehr dünn besiedelt war, wenig Staat machen, aber das von de Gaulle proklamierte «Freie Frankreich» verfügte damit erstmals über ein Territorium, das diesem Anspruch gewisse Substanz verschaffte. Entscheidender war jedoch die Signalwirkung: In rascher Folge schlossen sich nun weitere französische Kolonialgebiete in Afrika und im Pazifik diesem Beispiel an.

Für die reale Macht, die de Gaulle abging, hatten diese Übertritte zunächst nur symbolische Bedeutung, denn die hier stationierten Einheiten der französischen Kolonialarmee wurden fast ausnahmslos von Offizieren befehligt, die aus realistischer Einschätzung der Lage oder auch aus Überzeugung loyal zum Vichy-Regime standen. Weitaus bedeutsamer war deshalb für ihn, dass nach dem deutschen Überfall auf die Sowjetunion am 22. Juni 1941 sich Russland als ein neuer Verbündeter anbot. Bereits am 24. September 1941 wurde in

Moskau der *Comité national français* als Kern einer französischen Exilregierung gegründet, die als solche auch zwei Tage später von der Sowjetunion anerkannt wurde. Während Großbritannien mit einem entsprechenden Schritt noch zögerte, verharrten die USA ablehnend und ließen ihre Beziehungen zu Vichy weiter bestehen.

LA RÉSISTANCE – DER WIDERSTAND GEGEN DIE DEUTSCHE BESATZUNGSMACHT

Die bedeutsamste Veränderung, die durch Hitlers Überfall auf die Sowjetunion ausgelöst wurde, fand aber in Frankreich selbst statt, wo sich jetzt der Widerstand gegen das Besatzungsregime immer deutlicher bemerkbar machte. Zwar war es seit September 1940 vor allem in Paris schon zu vereinzelten Demonstrationen oder zur Veröffentlichung von Flugblättern und im Untergrund zirkulierender Zeitungen gekommen, die zum Widerstand gegen den Besatzer aufriefen, aber diese Initiativen wurden meist schnell von der Gestapo infiltriert und zerschlagen, was für die Beteiligten in vielen Fällen mit Folter und Hinrichtung endete. Organisierten und vor allem bewaffneten Widerstand im großen Stil brachte zunächst erst die Kommunistische Partei Frankreichs (KPF) zuwege. Auf das noch von der Regierung Daladier verhängte Parteiverbot folgten unter dem Vichy-Regime Massenverhaftungen ihrer Anhänger, die im Oktober 1940 einsetzten und die Kommunisten endgültig in den Untergrund zwangen. Hier hatten sie sich neu formiert und konspirative Techniken entwickelt. Solange der deutsch-sowjetische Nichtangriffspakt jedoch bestand, unterwarf sich die KPF den Weisungen Moskaus und hielt sich mit Aktionen gegen die Besatzungsmacht zurück. Das erhellt, dass das Geschehen auf dem neuen Kriegsschauplatz im Osten einen unmittelbaren Einfluss auf die nun rasch zunehmende Intensität des innerfranzösischen Widerstands bewirkte, der sich in Überfällen, Sabotageakten und Anschlägen auf Eisenbahnlinien manifestierte. Darauf reagierte die deutsche Besatzungsmacht mit stetig größerer Brutalität wie Geiselerschießungen und verschärfter polizeilicher Repression, an der auch die Organe des Vichy-Regimes beteiligt waren. Damit kam eine Spirale der Gewalt in Gang, die nicht nur immer mehr Opfer forderte, sondern die auch die Gefahr einer Anarchie heraufbeschwor, die über kurz oder lang in Revolution und Bürgerkrieg umschlagen konnte, die sich jeder politischen Kontrolle entzogen.

Diese Perspektive musste vor allem de Gaulle fürchten, weshalb der innerfranzösische Widerstand, die *Résistance*, ursprünglich nicht Teil seines Konzepts war, dem «Freien Frankreich» Geltung zu verschaffen. Was ihm vorschwebte, war ein französischer Staat unter seiner Führung und nicht eine Revolution, die sich von außen nur schwer kontrollieren lassen würde. Aber da deren Akteure – vor allem anfangs – Kommunisten waren, die auch in späteren Phasen allein wegen ihres hohen Organisationsgrads und ihrer ideologischen Kohärenz die mit Abstand wichtigste Widerstandsformation darstellten, blieb de Gaulle keine andere Wahl, als dieses *Fait accompli* des Widerstands in Frankreich zu akzeptieren und zu versuchen, die Bewegung auf seine politische Autorität einzuschwören. Mit dieser Aufgabe betraute er den ehemaligen Präfekten Jean Moulin, dem aus deutscher Haft die Flucht nach London gelungen und der zu einem der engsten Vertrauten de Gaulles geworden war. Am 1. Januar 1942 sprang Jean Moulin bei Avignon mit dem Fallschirm ab. Bis zu seiner Verhaftung durch die Gestapo Mitte Juni 1943 in Lyon, nach der er von dem dortigen Gestapo-Chef Klaus Barbie drei Tage lang zu Tode gefoltert wurde, ohne dass sein Henker ihm ein Geheimnis entlocken konnte, hatte Jean Moulin unermüdlich ganz Frankreich bereist, um in zäher Überzeugungsarbeit die einzelnen Widerstandsgruppen organisatorisch zu einen und sie zu einer Anerkennung de Gaulles als oberster politischer Autorität zu bewegen.

Für de Gaulle war dieser Erfolg Jean Moulins sehr wichtig. Nach dem Übereinkommen mit der KPF vom 25. November 1942 folgten im Januar 1943 der Zusammenschluss der drei größten Gruppen des bewaffneten Widerstands, die im Süden Frankreichs operierten, zu den *Mouvements Unis de la Résistance* (MUR) und danach die Vereinigung aller im Norden tätigen *Résistance*-Einheiten zum *Conseil National de la Résistance* (CNR). Wichtig waren diese Zusammenschlüsse vor allem auch für die ständigen Auseinandersetzungen mit den Amerikanern. Denen gegenüber konnte de Gaulle jetzt auf eine innerfranzösische Machtbasis verweisen, die seinen Anspruch, das «Freie Frankreich» zu repräsentieren und auch den damit verknüpften Anspruch, als gleichberechtigter Partner an der Seite der Alliierten zu kämpfen, bekräftigte. Das war umso dringlicher, als nach der erfolgreichen Landung der Alliierten in Nordafrika Anfang November 1942 die USA Admiral François Darlan, der dem Vichy-Regime angehörte und der sich zufällig in Algerien aufhielt, als Repräsentanten Frankreichs eingesetzt hatten, um damit de Gaulle fernzuhalten. Als Darlan am 24. Dezember in Algier einem Anschlag zum Opfer fiel, ernannten die Amerikaner General Henri Giraud zum zivilen und militärischen Chef von Algerien und ließen damit de Gaulle einmal mehr abblitzen.

Auf diese Weise suchten die USA die Absichten de Gaulles zu durchkreuzen. Nach wie vor beharrten sie darauf, dass das Vichy-Regime Frankreich repräsentiere, das sie folglich als besiegte Macht behandeln und einer alliierten Militärverwaltung unterstellen konnten, um so dessen weiteres Schicksal wesentlich zu beeinflussen. Dagegen musste sich de Gaulle mit aller Kraft zur Wehr setzen. Wenn es ihm gelang, ein alliiertes Besatzungsregime, das auch ein Eingeständnis der erlittenen Niederlage gewesen wäre, für Frankreich zu verhindern, war das die entscheidende Voraussetzung dafür, als Chef einer Siegermacht anerkannt zu werden. Dass ihm das gelang, verdankte de Gaulle nicht nur seiner Zähigkeit, sondern vor allem dem weiteren Verlauf des Kriegs: Die Landung der Alliierten in Nordafrika beantwortete die deutsche Besatzungsmacht damit, dass sie am 11. November 1942 nach Vichy-Frankreich einmarschierte und das Regime entwaffnete. Von den demobilisierten Soldaten schlossen sich viele sofort der *Résistance* an, die damit durch militärisch erfahrene und disziplinierte Männer erheblich verstärkt wurde. Diese bildeten größere Kampfverbände von bisweilen mehreren hundert Mitgliedern, die im dünn besiedelten, zerklüfteten, mit Wäldern und Buschwerk getarnten Gelände, dem *maquis*, das über weite Strecken für das südliche Frankreich charakteristisch ist, eine ideale Operationsfläche hatten.

Mit der Kapitulation der in Stalingrad seit Monaten eingeschlossenen 6. deutschen Armee, die zwei Monate später erfolgte, geriet die Wehrmacht auch auf dem wichtigsten, dem russischen Kriegsschauplatz für jedermann sichtbar in die Defensive. Das verschaffte den Widerstandskämpfern die Hoffnung, dass ihr Einsatz durch einen Sieg über die Besatzer in nicht allzu ferner Zukunft belohnt werden würde, was ihre Motivation ganz wesentlich stärkte. Außerdem stießen jetzt viele junge Männer zu ihnen, die sich einem erzwungenen Arbeitseinsatz im Rahmen des STO in Deutschland zu entziehen suchten. De Gaulle musste jedoch zunächst erleben, dass sich die Amerikaner davon nicht im mindesten beeindrucken ließen: In einem Schreiben vom 8. Mai 1943 machte Präsident Roosevelt dem britischen Premier Churchill erneut den Vorschlag, das befreite Frankreich der Verwaltung einer aus britischen und amerikanischen Generälen gebildeten Militärregierung zu unterstellen, während man sich des Problems de Gaulle dadurch entledigen könne, dass man ihn zum Gouverneur von Madagaskar ernenne!

Diese Linie verfolgte Roosevelt konsequent, sobald die Alliierten im Mai ganz Nordafrika erobert hatten, aus dem sie das «Freie Frankreich» herauszuhalten suchten. Das konterkarierte de Gaulle dadurch, dass er am 30. Mai 1943 in Algier landete und hier am 3. Juni den *Comité français de libération nationale* (CFLN) gründete, der eine französische Verwaltung aufbauen sollte. Ein erster Erfolg war, dass es ihm bereits Ende Juli gelang, den von den Amerikanern protegierten General Giraud kaltzustellen. Das gab den Ausschlag, dass der CFLN von Amerikanern, Briten und Sowjets Ende August förmlich anerkannt wurde. Allerdings beschränkten die USA ihre Anerkennung des Komitees lediglich auf Nordafrika und gaben damit zu verstehen, dass dieses für sie kein verpflichtendes Modell der Nachkriegsordnung in Frankreich darstelle.

Aber auch hier setzte de Gaulle sich durch, denn der CFLN entwickelte sich zu einer von ihm geführten Regierung, deren Handeln keineswegs nur auf Algerien beschränkt blieb, sondern die sich vor allem damit befasste, Pläne für den Wiederaufbau Frankreichs und dessen künftiger Rolle in der Welt zu schmieden. Um den Entscheidungen und Planungen des Komitees eine breite Legitimationsgrundlage zu verschaffen, wurde am 17. September 1943 eine beratende Versammlung eingerichtet, in der 40 Vertreter der *Résistance*, 20 Abgeordnete, die am 10. Juli 1940 mit Nein gestimmt hatten, und 12 Vertreter lokaler Körperschaften sowie eine Frau vertreten waren. Es war diese Versammlung, die auf Antrag des CFLN im April 1944 das Gesetz verabschiedete, das auch in Frankreich das Frauenstimmrecht einführte.

Diese seit mehr als fünfzig Jahren ergebnislos debattierte Ausweitung des Wahlrechts war eine entscheidende politische Vorleistung für die von de Gaulle beanspruchte Führungsrolle bei der Neuordnung Frankreichs. Ein weiterer Schritt war, dass sich der CFLN am 3. Juni 1944, also drei Tage vor der Landung der Alliierten in der Normandie, zur provisorischen Regierung der Französischen Republik unter der Präsidentschaft de Gaulles proklamierte. Das richtete sich vor allem gegen die amerikanische Politik, die de Gaulle nach wie vor ablehnte und das befreite Frankreich unter Militärverwaltung stellen wollte. Dagegen würde de Gaulle seinen Führungsanspruch nur durchsetzen können, wenn ihm zweierlei gelang: noch vor den Alliierten die Kontrolle Frankreichs an sich zu bringen und unter allen Umständen zu vermeiden, dass die von den Kommunisten dominierte *Résistance* in der Stunde des Siegs eine Revolution auslöste, die seiner Kontrolle entglitte.

Diese gegenteiligen Absichten bestimmten die dramatischen Abläufe im Sommer 1944: Die Alliierten landeten am 6. Juni in der Normandie. Wie schon zuvor bei der Invasion in Nordafrika waren auch diesmal unter dem Kommando de Gaulles stehende französische Truppen nicht beteiligt. Wie damals so verstand es de Gaulle aber auch jetzt, diese Ablehnung zu unterlaufen: Ohne die Alliierten zu unterrichten, traf er am 14. Juni in Bayeux, der ersten befreiten Stadt Frankreichs, ein, wo er sofort den von den Amerikanern im Amt bestätigten Unterpräfekten des Vichy-Regimes zum Rücktritt nötigte und an dessen Stelle einen lokalen *Résistance*-Führer einsetzte. Damit war ein Muster geschaffen worden, nach dem in allen befreiten Städten der Machtwechsel reibungslos ablief.

Auch wenn der Anteil der in ganz Frankreich operierenden Widerstandsgruppen, die in Erwartung einer alliierten Invasion Anfang 1944 auf Anweisung de Gaulles in den *Forces françaises de l'intérieur* (FFI) zusammengefasst worden waren, an der militärischen Befreiung des Landes eher bescheiden war – wo immer FFI-Verbände vor Eintreffen alliierter Truppen den Kampf mit dem ihnen an Ausrüstung und Führung weit überlegenen Besatzer aufnahmen, erlitten sie sehr verlustreiche Niederlagen –, leisteten sie damit dennoch den entscheidenden Beitrag zur Wiederherstellung des nationalen Selbstvertrauens. Das entsprach genau dem Kalkül de Gaulles, das darauf gründete, dass das Erlebnis, sich dank eigener Anstrengung befreit zu haben und nicht durch die Alliierten befreit worden zu sein, sich in der kollektiven Wahrnehmung der Franzosen materialisieren und seinen Anspruch auf politische Führung legitimieren würde. Das wiederum würde es ihm ermöglichen, die nach wie vor bestehenden Absichten der USA, das befreite Frankreich unter alliierte Militärverwaltung zu stellen, erfolgreich zu vereiteln.

Exemplarisch für diese Taktik, für deren Gelingen in ganz Frankreich rund 24 000 Mitglieder der FFI im Kampf fielen, ist die Befreiung von Paris, die de Gaulles charismatische Rolle, der Retter der Nation zu sein, symbolisch in einer Weise zur Geltung brachte, dass sie sich nicht mehr in Frage stellen ließ. Das nötigte auch die Alliierten schließlich dazu, seine Regierung anzuerkennen, auch wenn sie das in aller Form noch bis zum 23. Oktober 1944 aufschoben. Unmittelbar verschaffte dieser Triumph de Gaulle aber auch die Autorität, einen Putschversuch der Kommunisten, den er fürchten musste, zumal von diesen der Widerstand in Paris und anderen großen Zentren Frankreichs beherrscht worden war, zu vereiteln.

Die Entscheidung der Alliierten, bei ihrem weiteren Vorstoß nach Osten Paris weiträumig zu umgehen, weil sie fürchteten, hier in zeitraubende und verlustreiche Straßenkämpfe verwickelt zu werden, kam de Gaulles Absichten entschieden zugute. Nachdem am 19. August der von der *Résistance* seit langem vorbereitete Aufstand in Paris losbrach, Besatzungstruppen und Einheiten der FFI sich mehrere Tage lang teilweise erbitterte Gefechte lieferten, von denen noch heute überall im Stadtgebiet Gedenktafeln für die rund 3000 gefallenen FFI-Kämpfer und getöteten Zivilisten künden, gab der alliierte Oberbefehlshaber, General Eisenhower, dem Drängen von General Leclerc, dem Chef der 2. Panzerdivision des «Freien Frankreich», nach, seine Einheit unverzüglich von Süden her in die Hauptstadt vorstoßen zu lassen. Als am Morgen des 25. August 1944, einem Freitag, Leclercs Panzer und Jeeps in Paris einrollten, kapitulierten die noch in der Stadt befindlichen deutschen Verbände. Bei diesen handelte es sich um seit Wochen stark reduzierte und bunt zusammengewürfelte Einheiten, die sich auf einige wenige erbittert verteidigte Sektionen im Stadtgebiet zurückgezogen hatten. Ihr Widerstand war vor allem dadurch motiviert, sich nicht auf Gnade und Ungnade der FFI, sondern regulären und disziplinierten Truppen ergeben zu können.

DE GAULLES TRIUMPH

Am Nachmittag des 25. August traf auch de Gaulle in Paris ein, wo er gegen 16.00 Uhr an der Gare Montparnasse, in der Leclerc sein Hauptquartier eingerichtet hatte, anlangte. De Gaulle war sich nur zu sehr bewusst, dass von nun an alle seine Handlungen und Worte von entscheidender symbolischer Bedeutung sein würden, um seinen Führungsanspruch rechtfertigen und durchsetzen zu können. In seinen Memoiren, in denen er von sich häufig in der dritten Person spricht, erinnerte sich de Gaulle der ganzen Last wie der Chance, die mit seinem Erscheinen in der Stadt verbunden waren: «Ließe man ihn gewähren, dann wäre es vor allem Paris, das in Frankreich über die Machtfrage entschiede. Niemand zweifelte daran, dass, wenn de Gaulle in der Hauptstadt anlangte, ohne dass man bereits vor seinem Eintreffen grundlegende Entscheidungen getroffen hätte, er allein durch die Akklamation des Volkes in seinem Führungsanspruch bestätigt wird. Diejenigen, die im Inneren oder außerhalb [i.e. die Amerikaner], welchem Lager sie auch angehören, die Hoffnung hegen, eben diesen Ausgang zu verhindern, oder die dazu beitragen wollen, dass er wenigstens als unvollkommen oder fragwürdig erscheint, werden im letzten Augenblick noch versuchen, die Befreiung dazu zu nutzen, um eine Situation zu schaffen, die mich in Schwierigkeiten bringt und mich, wenn irgend möglich, vernichtet.»

Diese Überlegungen waren es, die de Gaulle veranlassten, sich nicht sofort zum Pariser Rathaus zu begeben. Hier waren die Chefs der *Résistance* versammelt, die ihn erwarteten und von denen vor allem die Kommunisten, die durch das Bewusstsein ihres opferreichen Siegs gestärkt, ihn mit Macht- und Gestaltungsansprüchen konfrontieren würden, die seinen Plänen diametral zuwiderliefen. Ein eindeutiges Indiz dafür war die Erklärung, die der im Rathaus in Permanenz tagende CNR am Morgen des 25. August veröffentlicht hatte, in der de Gaulle mit keiner Silbe erwähnt wurde. Seine damaligen Besorgnisse schilderte er später mit den Worten: «Bei meiner Ankunft wäre ich dort auf eine amtierende *Volksregierung* gestoßen, die mir die Stirn mit Lorbeer bekränzt und mich aufgefordert hätte, eine Funktion, die man mir zuwies, zu übernehmen, und die alle Fäden in der Hand gehabt hätte.» Alles Weitere würde dann für diejenigen, die das Spiel beherrschten, denkbar leicht sein, entsprechend ihren Absichten, die auf eine Diktatur des Proletariats abzielten, zu inszenieren.

Um dieser Falle zu entgehen, wandte sich de Gaulle zunächst zum Kriegsministerium in der Rue Saint-Dominique, das für ihn, wie er später schrieb, die Schaltzentrale der politischen und militärischen Macht in Frankreich symbolisierte. Mit seinem Erscheinen dort wollte er zweifelsfrei den Nachweis erbringen, «dass der Staat nach allen Leidenserfahrungen, die ihn weder zerstören noch unterwerfen konnten, zunächst, und dies durch eine ganz einfache Geste ausgedrückt, wieder gegenwärtig ist». Dort fand er sein früheres Dienstzimmer völlig unverändert vor. Selbst das Telephon stand noch an seinem vertrauten Platz, und auch die Beschriftungen der Nebenstellen trugen noch die alten Namen. «Nichts fehlte, außer dem Staat. Es war meine Aufgabe, ihn wieder herzustellen.»

Allein damit, dass sich de Gaulle allen Erwartungen versagte und nicht spornstreichs zu den *Résistance*-Führern eilte, die ihn mit wachsender Ungeduld erwarteten, signalisierte er diesen unmissverständlich, dass er allein das Heft in Händen hielt. Zur Sicherheit machte er aber, als er sich schließlich am späten Nachmittag zum Rathaus aufmachte, zunächst in der Polizeipräfektur Station, um sich durch sein Erscheinen der Loyalität der Ordnungskräfte, die während des Aufstands in Paris eine wichtige Rolle gespielt hatten, zu versichern. Hier erreichte ihn auch die erlösende Nachricht, dass General Eisenhower bereits am Morgen eine Vereinbarung unterzeichnet hatte, die das Zusammenspiel der provisorischen französischen Regierung mit den Alliierten regelte. De Gaulle interpretierte dies als die ihm so lange beharrlich verweigerte Anerkennung seiner politischen Führung Frankreichs. In jedem Fall aber war diese Vereinbarung ein weiterer Trumpf, den er gegenüber den *Résistance*-Führern ausspielen konnte.

Das war nicht nötig, denn als er gegen Abend im Rathaus erschien, wurde er mit Begeisterung empfangen. Die einzige Klippe, die er umschiffen musste, war die Forderung von Georges Bidault, dem Chef des CNR, die Republik zu proklamieren. Das war ein Ritual, mit dem an diesem Ort im 19. Jahrhundert der Sieg einer Revolution einer jubelnden Menge verkündet wurde. Dem verweigerte sich de Gaulle mit der Begründung, dass die Republik niemals aufgehört habe, zu existieren, da sie nacheinander von der *France Libre,* der *France Combattante* wie dem CNR fortgesetzt worden sei. Das Vichy-Regime hingegen sei und werde immer null und nichtig sein. «Ich selbst bin der Präsident der Republik. Warum sollte ich sie ausrufen?»

Dass er Frankreich verkörpere, das war von Anfang an de Gaulles messianische Überzeugung gewesen. Darin würde er am folgenden Tag durch die Akklamation der Menge, dessen war er sich gewiss, bestätigt werden, wenn er zu Fuß vom Arc de Triomphe die Champs-Elysées hinunter bis Notre Dame schritte. Diese Demonstration, so versicherte er einem Berater, «wird die politische Einheit der Nation schmieden». Als guter Schmied wusste er aber auch, dass das Eisen, das er schmieden wollte, rot glühen musste. Das besorgte er mit einer kurzen Ansprache von einem Rathausfenster aus an die unten versammelte Menge:

«Paris! Paris gedemütigt! Paris gebrochen! Paris geschunden! Aber Paris befreit! Befreit durch eigene Anstrengung, durch sein eigenes Volk mit der Hilfe der Armeen Frankreichs, mit der Unterstützung und der Hilfe von ganz Frankreich, des kämpfenden Frankreich, vom einzigen Frankreich, dem wahren Frankreich, dem ewigen Frankreich … Frankreich findet in Paris wieder zu sich selbst zurück!»

Der Mythos des heldenhaften Widerstands eines ganzen Volkes, den er mit hochgereckten Armen beschwor und einsegnete, war der Kitt für die politische Einheit der Nation unter seiner Führung. Dieser Mythos, den de Gaulle mit seiner Erscheinung leibhaftig verkörperte, beherrschte jahrzehntelang weitgehend unangefochten die französische Selbstwahrnehmung, die nationale Identität. Dass die Hauptlast bei der Befreiung Frankreichs von den Alliierten getragen worden war, Zehntausende ihrer Soldaten dafür gefallen oder für ihr Leben gezeichnet waren, blieb ebenso, *le mythe oblige,* unerwähnt wie der Umstand, dass die *Résistance* und die französischen Streitkräfte dabei eine nur nachgeordnete Rolle gespielt hatten. Auch muss in diesem Zusammenhang erwähnt werden, dass die meisten französischen Städte nicht erst nach Kampfhandlungen oder Aufständen befreit worden waren, sondern einfach dadurch, dass die deutschen Besatzer Reißaus genommen hatten.

Die Klitterung ist die Kehrseite eines jeden Mythos. Damit der Mythos von der Selbstbefreiung Frankreichs umgehend seine beabsichtigte Wirkung entfalten konnte, wurde sofort ein Preis fällig: die Säuberung, die Verfolgung und Bestrafung der Kollaborateure. Das war eine Forderung, in der de Gaulle und die *Résistance* übereinstimmten, denn deren Erfüllung entschied über die Wiederherstellung der Nation, der nationalen Identität, die beide durch Vichy schweren Schaden genommen hatten. Bereits Anfang April 1944 hatte de Gaulle in einer Rundfunkansprache von Algier aus den Umfang der Säuberung umrissen, als er die Einschätzung äußerte, dass nur einige wenige Verräter unmittelbar mit dem Feind zusammengearbeitet hätten. Denen seien einige Feiglinge zur Hand gegangen, die «den unwürdigen Führern bei der Kollaboration» geholfen hätten. Die große Masse der Franzosen hingegen seien nur deren unglückliche Brüder, die es gelte, als Kämpfer zu vereinigen, um das Vaterland zu retten.

UND NOCH EIN DUNKLES KAPITEL –
VERFOLGUNG UND BESTRAFUNG DER KOLLABORATEURE

Vor allem dieser Feststellung verdankt sich die rasche Akzeptanz des Mythos von der Selbstbefreiung: Nur eine verschwindende Minderheit der Franzosen hätte sich der Kollaboration schuldig gemacht, während alle anderen auf irgendeine Weise Widerstand leisteten. Wie schnell das verstanden wurde, zeigt das erstaunliche Anschwellen der Zahl jener, die von sich behaupteten, aktive Widerstandskämpfer gewesen zu sein. Das illustriert das Beispiel von Marseille, wo kurz bevor es von den Alliierten am 28. August 1944 befreit wurde, ein Aufstand ausgebrochen war, an dem rund 700 Mitglieder der FFI aktiv beteiligt waren. Bei der Siegesparade am Tag danach war deren Zahl über Nacht auf rund 10 000 gestiegen, wie Pierre Tissier, ein Mitglied von de Gaulles Kabinett in einem Bericht vom 4. Oktober 1944 feststellte. So wie in Marseille war es überall: De Gaulles Schuldzuweisung konnten die meisten erleichtert zustimmen, was entschieden dazu beitrug, das wahre Ausmaß der Kollaboration jahrzehntelang zu beschönigen.

Unmittelbar lieferte diese breite Akzeptanz jedoch den Anlass für spontane Strafaktionen, die sogenannte *purification sauvage*, die «wilde Säuberung», bei der vermeintlich der Kollaboration Schuldige vom Straßenmob verfolgt und gelyncht wurden. Das galt vor allem für jene Gebiete Frankreichs, die nicht von regulären Truppen befreit worden waren, sondern in denen Widerstandsgruppen das Heft in die Hand bekommen hatten. Dieser Anarchie suchte de Gaulle vergebens zu steuern, indem er die *Comités départementaux de Libération* (CDL) auf eine justizförmige Säuberung zu verpflichten suchte, über deren beabsichtigten Effekt er in seinen Memoiren schrieb: «Unter den Franzosen, noch vor Eintreffen der Alliierten und inmitten der unterlegenen Feinde, wird die vollständige, verantwortliche und unabhängige Autorität des Staates in Erscheinung treten.» Was vielerorts bei der Befreiung wirklich geschah, unterschied sich davon erheblich. Das gilt insbesondere für das Gebiet südlich der Loire, das im Wesentlichen die Regionen umfasst, die bis 1942 unmittelbar unter der Kuratel des Vichy-Regimes standen und die so gut wie ausschließlich von der *Résistance* synchron mit dem Abzug der deutschen Besatzer befreit wurden. Hier tobte sich die Rache der Sieger in zahllosen summarischen Hinrichtungen aus, denen Angehörige der verhassten Miliz, wirkliche oder vermeintliche Denunzianten und sonstige, die sich der Kollaboration schuldig oder verdächtig gemacht hatten, zum Opfer fielen.

Was an dieser «Volksjustiz» jedoch vor allem verstört, ist, dass sie an Frauen geübt wurde. Nach «offiziellen» Schätzungen waren unter den rund 10 000 Hingerichteten 2000 Frauen. Die wirklichen

Zahlen liegen vermutlich höher. Aber welcher Verbrechen wurden sie beschuldigt? In den meisten Fällen lautete der Vorwurf auf intime Beziehungen mit den Besatzern, oder dass sie für diese bezahlte Arbeit geleistet hätten. Mehrere 10 000 dürfte aber die Zahl jener Frauen betragen, denen nicht nur im Süden, sondern in ganz Frankreich in Gegenwart einer johlenden Menge die Haare abgeschnitten wurden und die dann halb oder ganz nackt durch die Straßen geführt, bespuckt und geschlagen wurden, nachdem ihnen zuvor häufig ein Hakenkreuz auf die Brust tätowiert worden war. Die Anstifter und Täter dieser von unbeschreiblichem Sadismus gekennzeichneten Racheakte wurden durch ein Gesetz vom 16. April 1946 straflos gestellt, das eine Amnestie für alle vor dem 8. Mai 1945 begangenen Straftaten verkündete, die in der Überzeugung begangen worden waren, damit einen Beitrag für die Befreiung Frankreichs zu leisten.

Dieser fürchterlichen *épuration sauvage* folgte die zweite Welle der justizförmigen Säuberung, die Aburteilung von Angeklagten, die der Kollaboration von ordentlichen Gerichten für schuldig befunden wurden. Rechtsgrundlage dieser Urteile war die Verordnung vom 27. Juni 1944 des CFLN, die als Kollaboration definierte: «jede Handlung, schriftliche Äußerung oder persönliche Haltung, die dem Feind nutzte, die Kriegsanstrengungen der Franzosen oder Alliierten beeinträchtigte, im Widerspruch stand zu den Verfassungsbestimmungen oder den freiheitlichen Grundrechten, ebenso jeden Versuch, materielle Vorteile aus den Anordnungen von Vichy zu ziehen». Trotz dieser unscharf gefassten Tatbestandsmerkmale lief diese zweite Säuberungswelle erstaunlich glimpflich ab. In rund 128 000 Verfahren wurden lediglich 767 Todesstrafen verhängt und vollstreckt; rund 38 000 Angeklagte wurden zu Haftstrafen verurteilt, davon 2702 zu lebenslanger Haft, während rund 50 000 weiteren Beschuldigten die bürgerlichen Ehrenrechte aberkannt wurden.

Sehr aufschlussreich ist die soziologische Aufschlüsselung der wegen Kollaboration Verurteilten: Besonders glimpflich kamen die Unternehmer davon, obwohl die französische Wirtschaft ein wichtiger Faktor für die deutsche Rüstung war. Ähnlich erging es den Beamten, von denen zwar rund 20 000 verurteilt wurden, aber die härtesten Strafen lauteten auf Entlassung unter Anerkennung der erworbenen Pensionsansprüche; die allermeisten Beschuldigten kamen mit Versetzung, Zurückstufung oder einer zeitlich befristeten Freistellung davon. Auch der Polizeiapparat blieb weitgehend ungeschoren: Lediglich rund 4000 Polizisten der *Préfecture de Police*, ein Fünftel des Apparats, mussten sich vor der Säuberungskommission verantworten. Von diesen wurden 196 verurteilt, davon 20 zum Tode, von denen aber nur sieben tatsächlich exekutiert wurden. Die besondere Nachsicht der Richter erfuhr die Armee: Nur 736 Offiziere wurden entlassen, während 1648 weitere mehr oder minder zu einem «freiwilligen» Ausscheiden genötigt wurden. Die große Ausnahme von dieser Regel machte Pétain, der, zum Tode verurteilt, von de Gaulle zu lebenslanger Haft in der Verbannung auf der beschaulichen Ile d'Yeu vor der französischen Atlantikküste begnadigt wurde.

Diese Milde gab den Anstoß für das Entstehen eines weiteren Mythos, denn Pétain hatte sich in seinem Schlusswort vor Gericht mit dem Satz zu rechtfertigen versucht: «Wenn ich nicht Ihr Schwert sein konnte, so versuchte ich Ihr Schild zu sein.» Das Vichy-Regime hatte sich also nur unter dem Zwang, Schlimmeres zu verhüten, der Kollaboration schuldig gemacht, während jedermann sonst nach besten Kräften Widerstand zu leisten suchte. Diese Ansicht wurde zu einer Lebenslüge, die sich erstaunlich lange behauptete.

Am härtesten fielen im Vergleich dazu die Urteile aus, die über Intellektuelle, Schriftsteller und Journalisten verhängt wurden. Vier, die Schriftsteller Robert Brasillach, Paul Chack, Jean Luchaire und Georges Suarez, wurden zum Tode verurteilt und hingerichtet, der Journalist Henri Béraud wurde von de Gaulle begnadigt und der in Abwesenheit zum Tode verurteilte Schriftsteller Louis-Ferdinand Céline wurde 1951 amnestiert.

Der Säuberungseifer verlor in dem Maße an Intensität, wie der Rachedurst gestillt war und der Eindruck zunahm, dass die wichtigsten Verräter und Täter ihre Strafe erlitten hatten. Mit der allgemeinen Amnestie von 1953 wurde ein Schlussstrich unter eine Vergangenheit gezogen, mit der man sich längst zum Vorteil aller arrangiert hatte. Angesichts dessen kann es nicht verwundern, dass 1958 nicht weniger als 14 hochrangige Beamte des Vichy-Regimes als Abgeordnete in der Nationalversammlung saßen. Bereits 1953 wurde mit René Coty ein Mann zum Präsidenten der IV. Republik gewählt, der im Juli 1940 für Pétain gestimmt hatte. Im nämlichen Jahr bekleideten zwei höhere Funktionäre des Vichy-Regimes Ministerposten. Einer davon, der Landwirtschaftsminister Camille Laurent, war ein ausgewiesener Fachmann, denn in Vichy amtierte er als Chef des Bauernverbands. Das sind indes nur die bekannteren Figuren und Fälle, die aus der großen Masse jener herausragen, die völlig unbemerkt auch nach der Befreiung Funktionen ausübten, denen sie schon in Vichy nachgingen, und die als Fachleute unverzichtbar waren.

Dieser nur sehr verhaltenen Aufarbeitung einer Vergangenheit entspricht die seltsame Hierarchisierung, die das Gedenken an die Opfer bis heute charakterisiert. Hunderte von Vereinigungen ehemaliger Widerstandskämpfer achten eifersüchtig darauf, dass bei Erinnerungsplaketten oder Denkmälern der im Kampf getötete oder als Geisel ermordete *Résistant* nicht mit dem Opfer zusammen genannt wird, das aus politischen oder rassistischen Gründen deportiert wurde und ums Leben kam. Davon wiederum werden strikt jene unterschieden, die als Kriegsgefangene in einem Lager starben. Deren Vereine achten ihrerseits darauf, dass das Gedenken für diese nicht mit dem an die *déportés du travail* in irgendeinen Zusammenhang gebracht wird, die meist zu Unrecht im stillen Verdacht stehen, Kollaborateure gewesen zu sein. Kein Gedenken schließlich gibt es für die vielen Opfer der *épuration sauvage*, an die sich aber vermutlich mehr als an alle anderen alte Leute in vielen Orten Frankreichs noch heute lebhaft erinnern können.

6

DER GROSSE CHARLES

Neben Napoleon ist de Gaulle die zweite Figur eines politischen Füh-
rers, die Frankreichs Geschichte seit dem Untergang des alten, des
monarchischen Regimes in den Strudeln der Revolution von 1789
nicht nur prägte, sondern dessen Erbe an die Zukunft seines Landes
so weit reicht, wie es umstritten ist. Wie Napoleon stützte sich de
Gaulle nicht auf eine Partei, die ihm zum Erfolg verhalf, sondern auf
ein Charisma, das ihn in den Augen vieler als Retter erscheinen ließ.
Damit diese Anerkennung sich einstellt, braucht es zwei Voraussetzungen: die Gestalt und die ihr gemäße Krise, in der nichts weniger
auf dem Spiel steht als die politische und moralische Existenz der
Nation. Die Chance, eine solche Krise mit seiner Person zu meistern,
bot sich de Gaulle sogar zweimal: 1940 und 1958. Beide Male hat er
die damit verknüpfte Herausforderung angenommen und bestanden.

Die Voraussetzungen, auf die sich charismatische Führerschaft
gründet, wurden von de Gaulle im ersten seiner Bücher, in *Le Fil de
l'épée* («Die Schneide des Schwerts»), das 1932 erschien, beschrieben.
Dem großen Führer, so heißt es hier, mag in Friedenszeiten Verachtung entgegenschlagen, aber kaum dass die Dinge sich zuspitzen, die
Gefahr unmittelbar droht, das allgemeine Verlangen, davor gerettet
zu werden, sich stürmisch geltend macht, «schiebt eine Flutwelle
den Mann mit Charakter in den Vordergrund». Beginnend mit dem
18. Juni 1940 hat de Gaulle in der Überzeugung, der Mann zu sein,
um die damalige tiefe Krise Frankreichs zu überwinden, selber diese

Flutwelle in Gang gebracht und es kostete ihn viel Kraft, Disziplin und Geduld, bis diese ihn tatsächlich in den Vordergrund und in eine Position schob, die es ihm ermöglichte, die Krise zu meistern. Kaum war das geschehen, der Feind verjagt, das Land befreit und die Schmach der Niederlage dadurch getilgt worden, dass es de Gaulle mit zähem Beharren gelang, Frankreich im Zirkel der Siegermächte einzureihen, gab er die Macht, die ihm kraft seines Charismas zugefallen war, wieder aus der Hand. Er zog sich, wie ein Cincinnatus oder Washington, ins Privatleben in ein kleines, an der Grenze von Burgund und Lothringen gelegenes Dorf, Colombey-les-deux-Eglises, zurück. In dem von ihm 1934 gekauften Anwesen, *La Boisserie*, das in einem kleinen Park vor dem Dorf gelegen war, verbrachte er jene rund 13 Jahre, die er in seinen Memoiren als «Durchquerung der Wüste» apostrophieren sollte.

DIE ENTSTEHUNG DER IV. REPUBLIK – CHANCEN UND SCHWÄCHEN

Bereits am 21. April 1944 hatte de Gaulle in Algier verfügt, dass binnen eines Jahres nach der Befreiung Frankreichs eine verfassunggebende Versammlung gewählt würde. Das geschah am 21. Oktober 1945 auf der Basis eines von ihm ausgeklügelten, komplizierten repräsentativen Wahlsystems, das während der gesamten IV. Republik gelten sollte und das eine Parteienzersplitterung heraufbeschwor, von der die Bildung jeweils höchst labiler Koalitionsregierungen erzwungen wurde. Mit diesem System hatte de Gaulle die Erwartung verknüpft, die Kommunisten von der Macht fernzuhalten. Um ihnen das Wasser abzugraben, hatte er zuvor dem Programm des *Conseil National de la Résistance* (CNR) zugestimmt, das umfassende Nationalisierungen der Schlüsselindustrien und Banken sowie eine Reihe sehr arbeitnehmerfreundlicher Sozialreformen vorsah. Aber weder diese Wirtschafts- und Sozialpolitik noch das Wahlsystem erfüllten die in sie gesetzten Hoffnungen. De Gaulle konnte deshalb vorhersehen, dass die aus diesen Wahlen hervorgegangene

Charles de Gaulle und
Konrad Adenauer, 1965

Versammlung, in der Kommunisten und Sozialisten zusammen über
die absolute Mehrheit verfügten, eine Verfassung ausarbeitete, die
kaum seinen Vorstellungen entsprechen würde. Daraus zog er am
20. Januar 1946 die Konsequenzen und erklärte seinen Rücktritt.

Als am 5. Mai 1946 der Verfassungsentwurf bei einem Referendum durchfiel, eine neue Versammlung einen zweiten Entwurf aus-
arbeiten musste, wähnte de Gaulle, die Stunde seiner Rückkehr an
die Macht habe bereits geschlagen. In einer in Bayeux am 16. Juni
1946 gehaltenen Rede entwickelte er seine verfassungspolitischen
Vorstellungen, an denen vor allem bemerkenswert war, dass die
Exekutive in Händen des einer Einflussnahme seitens der Parteien
entrückten Präsidenten liegen sollte. Dass diese wie auch das Parla-

ment lediglich eine zweitrangige Rolle spielen sollten, entsprach de Gaulles Vorlieben und Abneigungen. Damit konnte er sich aber umso weniger durchsetzen, als die Parteien längst wieder das Spiel unter sich ausmachten. Dementsprechend sah der zweite Verfassungsentwurf aus, der mit knapper Mehrheit am 13. Oktober 1946 die Hürde eines zweiten Referendums nahm.

Für de Gaulle bedeutete das, dass er nur an die Macht gelangen könne, wenn er diese Regeln respektierte. Das veranlasste ihn zu einem angesichts seiner Verachtung der Parteien ungewöhnlichen Schritt: Am 7. April 1947 kündigte er in Straßburg die Gründung des *Rassemblement du peuple français* (RPF) an. Mit dieser Namensgebung wurde der Begriff «Partei» ebenso vermieden wie ein Hinweis auf eine politisch-ideologische Ausrichtung. Das erübrigte sich, denn der RPF war ein nur auf seine Person zugeschnittener Wahlverein. Der sollte de Gaulle die Kluft zwischen der Rechten und der Linken überwinden helfen und ihm damit die Macht verschaffen. Der Erfolg der RPF war ebenso jäh wie vergänglich. Zwar gelang es ihm nie, wie angekündigt, 1,5 Millionen Anhänger zu gewinnen, sondern lediglich rund eine halbe Million. Aber das war auch schon ein Erfolg, der den RPF fast zu den Kommunisten aufschließen ließ. Allein, die Anhängerschaft schmolz angesichts der ersten vielversprechenden Anzeichen eines wirtschaftlichen Aufschwungs rasch dahin. Nach dem Scheitern des RPF bei den Parlamentswahlen 1951 beendete de Gaulle kurzerhand dieses Experiment. Der RPF blieb die einzige politische Bewegung, die de Gaulle ins Leben rief und deren Chef er war. Wie sehr er diesen «Fehltritt» später bereute, verraten seine Memoiren, in denen er diese Episode, in die er viel Kraft und Zeit investierte, mit drei Sätzen abhandelt.

Das Scheitern des RPF zeigte, dass das politische System Frankreichs wie schon vor dem Krieg durch ideologische Frontstellungen gekennzeichnet war, die einen auf die Konkurrenz scharf gegeneinander abgegrenzter Parteien basierenden Parlamentarismus erzwangen. Diese Regel würde sich nur außer Kraft setzen lassen, wenn eine schwere Krise den Bestand der Nation und deren politische Freiheit erneut bedrohte. Auch wenn von Anfang an dunkle Schatten wie die Niederlage in Indochina oder das Suez-Debakel von 1956 auf der IV. Republik lasteten, so ließ sich der Eintritt dieser Krise bis 1958 aufschieben. Wie sehr im Übrigen die französische Gesellschaft einem autoritären Regime, wie es de Gaulle vorschwebte, zunächst abgeneigt war, zeigt eine Umfrage des Meinungsforschungsinstituts IFOP vom Dezember 1955: Lediglich einer unter hundert Franzosen wünschte sich de Gaulle als Regierungschef. Dieses Bild wandelte sich jedoch dramatisch, denn schon im April 1956, also noch vor dem Suez-Debakel im Sommer, waren es 5 Prozent, im Juli 9 Prozent, im September 1957 stieg deren Anteil auf 11 Prozent und erreichte im Januar 1958 13 Prozent. De Gaulle lag damit gleichauf mit dem damaligen Premierminister Félix Gaillard und weit vor allen anderen Konkurrenten wie Pierre Mendès-France (10 Prozent), Antoine Pinay (10 Prozent), dem Sozialisten Guy Mollet (9 Prozent) oder dem Kommunisten Maurice Thorez (8 Prozent). Mit anderen Worten: Je mehr das Bewusstsein wuchs, dass die traditionellen Parteien der IV. Republik die heraufziehenden Krisensymptome nicht meistern konnten, desto größer wurde wieder das Verlangen nach dem «starken Mann», dem Retter in der Not.

Dessen Stunde nahte, als die Wechsel, die sich Frankreich mit dem immer kostspieligeren Krieg in Algerien aufgehalst hatte, nicht mehr aus eigener Kraft bedient werden konnten. Im Januar 1958 erklärten sich die USA zwar bereit, der IV. Republik mit einem massiven Kredit unter die Arme zu greifen, verbanden diese Zusage aber mit französischen Zugeständnissen hinsichtlich der Unabhängigkeit Algeriens. Dieses Junktim löste in Paris eine Regierungskrise aus, die weitreichende Folgen haben sollte, denn Präsident René Coty gelang es nicht, einen Premierminister zu finden, der bereit war, sich dem zu fügen. Unter der anhaltenden Regierungskrise wuchs der Unmut der Algerienfranzosen, die auf einer Ausweitung des Krieges bestanden, um die algerischen Unabhängigkeitsbestrebungen ein für alle

Mal zu vernichten. Damit verknüpft waren eine immer deutlicher sichtbar werdende Ablehnung der IV. Republik und Hoffnungen auf einen grundlegenden Regimewechsel.

Der Unmut der Algerienfranzosen war besonders gefährlich, weil sie auf drei Verbündete rechnen konnten: die Armee, die extreme Rechte und die gaullistische Bewegung. Die vor allem war die große Unbekannte, denn seit Auflösung des RPF ließ sich ihre Stärke nicht mehr genau einschätzen. Zwar repräsentierte diese «Koalition der Unzufriedenen» nicht die Mehrheit der Franzosen, aber vor allem wegen der Armee stellte sie ein Drohpotential dar, der ein Staatsstreich zuzutrauen war. Der wurde noch deswegen wahrscheinlicher, weil de Gaulle eine Haltung an den Tag legte, die als Ermutigung dazu verstanden werden konnte. Um sich nicht zu kompromittieren, wachte er jedoch mit großer Umsicht darüber, seine eminente Rolle in diesem Machtspiel zu verschleiern und den Eindruck zu erwecken, dass nicht er diese «Koalition» für seine Absichten nutzte, sondern umgekehrt, dass er von ihr als Galionsfigur benutzt werde.

Das war nicht ohne Risiko, das de Gaulle allein dadurch unter Kontrolle hielt, dass er vieldeutig schwieg. Damit und gestützt auf sein hohes Ansehen, das mit der Krise wuchs, gelang es ihm, den Eindruck zu erwecken, der Mann zu sein, der allen alle Wünsche erfüllte: der Armee, dass er ihr die Schmach einer weiteren Niederlage ersparte, den Algerienfranzosen, dass er den Kampf gegen die Unabhängigkeitsbewegung des Landes entschlossen zu Ende führen würde, und der extremen Rechten, die darauf hoffte, an Einfluss und Wählerstimmen zu gewinnen. Das Schweigen, in das er sich fernab von Paris in Colombey-les-deux-Eglises hüllte, war gleichzeitig aber auch die Garantie dafür, die eigene Popularität nicht nur zu wahren, sondern noch weiter auszubauen, wie Meinungsumfragen zeigen. De Gaulle wusste, dass er jetzt nur zuwarten musste, um, sobald die Krise ihrem Höhepunkt zutrieb, entschlossen nach der Macht greifen zu können.

Das erklärt, warum de Gaulle am 5. Mai 1958 das Angebot von Präsident Coty, eine Regierung zu bilden, ablehnte: Die Birne war, wie Napoleon gesagt hätte, noch nicht reif, die Krise hatte noch nicht ihren Zenit erreicht. Allein das war für ihn die Voraussetzung, um auf legalem Weg die größtmögliche Handlungsfreiheit für sich einfordern zu können. Nach de Gaulles Ablehnung wurde Pierre Pflimlin, einer der Führer des *Mouvement républicain populaire* (MRP), der neben Kommunisten und Sozialisten stärksten Partei, die in der politischen Mitte angesiedelt war, am 8. Mai mit der Regierungsbildung beauftragt. Fünf Tage später, am 13. Mai 1958, sollte Pflimlin das von ihm gebildete Kabinett dem Parlament vorstellen.

Die Ernennung Pflimlins war das Signal, das den in Algerien aufgestauten Unmut überschäumen ließ: Für den 13. Mai riefen Generäle und Führer der Algerienfranzosen zu Demonstrationen in Algier auf, die rasch außer Kontrolle gerieten: Eine empörte Menge stürmte die wichtigsten Regierungsgebäude. Um dem drohenden Chaos zu steuern, wurde ein *Comité du Salut public* improvisiert, dessen Leitung der Oberkommandierende der französischen Truppen in Algerien, General Raoul Salan, übernahm. Um diese offene Rebellion zu kaschieren, vor allem aber aus der schieren Not heraus, keine verlässlichen Machtmittel zur Hand zu haben, dieser die Stirn zu bieten, griff der noch amtierende Premierminister Gaillard zu einer wahrhaft bizarren Entscheidung und ernannte General Salan zum Generalbevollmächtigten in Algerien! Salan befand sich damit in der seltsamen Situation, einerseits der Anführer einer Revolte gegen die Regierung und andererseits derjenige zu sein, den eben diese Regierung beauftragte, ihre Autorität gegen diese Rebellion zu verteidigen!

Der verzweifelte Schachzug zeitigte vor allem eine bedeutsame politisch-psychologische Nebenwirkung: Die Nationalversammlung bestätigte mit großer Mehrheit die Regierung Pflimlin, der sich in seiner ersten Rede als Premierminister energisch gegen Verhandlungen aussprach und die Aufrührer verurteilte. Diese Entschlossenheit war wohlfeil, änderte aber nichts an der Situation, dass Paris in Ohnmacht der weiteren Entwicklung in Algerien zuschauen musste. Als Salan hier am 15. Mai eine Ansprache mit den Worten «Vive de Gaulle» schloss, die ihm ein nach Algier entsandter Vertrauter des Generals, Jacques Soustelle, im richtigen Augenblick soufffliert haben soll, war das entscheidende Stichwort gefallen, das diesen nun aus einer ländlichen Abgeschiedenheit auf die Pariser Bühne rief. Am 16. Mai ließ de Gaulle verlauten, dass er sich bereit halte, die Macht in der Republik zu übernehmen.

Die Botschaft war eindeutig an die Rebellen adressiert. Die wurden damit aufgefordert, in ihrem Druck nicht nachzulassen und die Regierung Pflimlin zu stürzen. Das garantierte die formale Respektierung der Verfassung, nach der eine Regierung nur dann durch eine andere ersetzt werden konnte, wenn jene zuvor ihren Rücktritt erklärt oder ein Misstrauensvotum verloren hatte. Beide Voraussetzungen waren aber nicht gegeben. Das war nur dadurch zu erreichen, dass sich der algerische Aufstand radikalisierte und vor allem auf das Mutterland übergriff. Um dieser Drohung die Spitze zu nehmen, votierte die Nationalversammlung am 16. Mai mit großer Mehrheit für Notstandsvollmachten der Regierung Pflimlin. Darin spiegelte sich eine Entschlossenheit wider, die de Gaulle mit Rücksicht darauf, selbst an die Macht zu kommen, sofort konterkarieren musste. Dem diente die Pressekonferenz vom 19. Mai 1958 in einem Pariser Hotel, auf der er erneut seine Bereitschaft erklärte, die politische Verantwortung zu übernehmen, diese aber jetzt mit der Bedingung verknüpfte, die politischen Strukturen der IV. Republik zu beseitigen!

Mit anderen Worten: Der Preis, den de Gaulle verlangte, die IV. Republik vor der Krise zu retten, die sie in Frage stellte, war deren Abschaffung. Darüber jedoch, was er an ihre Stelle setzen wolle, schwieg er sich aus. Dazu ließ er sich lediglich mit der vielsagenden Bemerkung vernehmen, dass er nicht gesonnen sei, mit 67 Jahren «eine Karriere als Diktator» zu beginnen. Das war eine Anspielung auf Pétain, der allerdings im hohen Alter von 84 Jahren dieser Verlockung erlegen war.

Das Echo darauf aus Algier ließ nicht lange auf sich warten. Am 21. Mai sprach General Salan zu einer aufgepeitschten Menge, die er aufforderte, weiter zusammenzuhalten und der er verhieß: «Wir werden die Champs-Elysées hoch schreiten und wir werden mit Blumen überschüttet werden.» Das war eine Drohung, die drei Tage später dadurch wahr gemacht wurde, dass Fallschirmjäger auf Korsika absprangen, wo sie, ohne auf Widerstand zu stoßen, Regierungsgebäude besetzten. Die Insel war nur eine Etappe, für die für den 27. oder 28. Mai geplante Invasion des französischen Festlands. Pflimlin, der am frühen Morgen des 27. Mai mit de Gaulle zusammentraf, wollte ihn dazu bewegen, die Absichten der Rebellen zu verurteilen, was de Gaulle verweigerte. Stattdessen trat er am 28. Mai mit dem Bluff vor die Öffentlichkeit, er habe tags zuvor den von der Verfassung vorgeschriebenen Weg betreten, eine neue republikanische Regierung zu bilden. Davon konnte zwar keine Rede sein, aber sowohl jene Absage wie diese Erklärung verunsicherten Pflimlin. Zwar erteilte ihm die Kammer erneut weitreichende Vollmachten, aber die Drohung, dass am Abend putschende Fallschirmjäger Paris kontrollierten, entfaltete jetzt die mit ihr beabsichtigte Wirkung: Minister traten zurück und Präsident Coty drängte Pflimlin, sein Amt zu räumen, damit de Gaulle mit der Regierungsbildung beauftragt werden könne. Am Abend kapitulierte Pflimlin, und der geplante Gewaltstreich wurde auf den 30. Mai vertagt.

Dass diese Drohkulisse weiter bestand, war ganz im Sinne de Gaulles, denn im Parlament sperrten sich außer den Kommunisten auch viele Sozialisten und Abgeordnete der Mitte gegen seine Rückkehr an die Macht. Für de Gaulle bedeutete dies, dass er an einer Parlamentsmehrheit scheitern würde, versuchte er jetzt in Übereinstimmung mit der Verfassung das verwaiste Amt des Premiers anzutreten. Dagegen sprach zum Weiteren, dass am Nachmittag mehr als eine halbe Million Menschen in Paris gegen die Gefahr eines faschis-

tischen Putsches auf die Straße gingen. Den Ausweg aus dieser ver-
fahrenen Situation wies Präsident Coty, der am 29. Mai ankündigte,
er werde den «berühmtesten Franzosen», jenen, «der in den dunkels-
ten Stunden unserer Geschichte unser Führer bei der Rückeroberung
der Freiheit war» und der sich geweigert habe, eine Diktatur zu errichten, darum bitten, «eine Regierung zu bilden und grundlegende
Reformen unserer Institutionen zu bewerkstelligen». Sollte die Versammlung de Gaulle ablehnen, werde er, Coty, vom Amt des Präsidenten zurücktreten. Das war die Drohung mit Chaos und Anarchie:
Aut de Gaulle aut nihil.

DER «RETTER» BETRITT WIEDER DIE BÜHNE –
DE GAULLE UND DIE GRÜNDUNG DER V. REPUBLIK

Das tat seine Wirkung: Am 1. Juni wurde die Regierung de Gaulle,
der sich und sein Kabinett mit einer kurzen Rede vorstellte, in der er
das Algerienproblem mit keinem Wort berührte, mit 329 zu 224
Stimmen bestätigt. Damit befand sich de Gaulle als letzter Premierminister der IV. Republik in eben der Situation, der sich Pétain am
16. Juni 1940 gegenüber gesehen hatte, als er zum Premierminister
der III. Republik ernannt worden war: Wie diesem erteilte auch
die jetzige Nationalversammlung de Gaulle am 2. und 3. Juni auf
sechs Monate befristete außerordentliche Vollmachten, um die neue
Verfassung auszuarbeiten, ehe sie sich auflöste. Damit war erneut
der «Rubikon» überschritten, wie der Deckname lautete, den Napoleon III., der Verfasser einer Caesar-Biographie, dem Staatsstreich
vom 2. Dezember 1851 gab, der ihm die uneingeschränkte Macht
verschaffte.

Hier endet die Parallele zu Pétain und Vichy, denn de Gaulle
nutzte die diktatorische Macht nicht dazu, einen *Etat français* nach
unseligem Vorbild zu errichten, sondern eine neue Republik, die auf
weit stabileren Grundlagen stehen sollte als ihre Vorgängerin. Das
ist das eine; ein anderes ist, dass de Gaulle nur dadurch in den Besitz
der Macht gelangte, dass eine Parlamentsmehrheit mit ihm die

letzte, die verzweifelte Hoffnung verband, er allein könne eben den Staatsstreich verhindern, der just mit seiner Ernennung zum Regierungschef bereits erfolgreich gewesen war. Das wiederum hatte verblüffende Ähnlichkeit mit dem Staatsstreich Louis-Napoleons, der Frankreich das Zweite Kaiserreich und Napoleon III. bescherte. Das hat de Gaulle später selber seinem Sekretär Claude Mauriac eingestanden. Er habe sich gezwungen gesehen, das Ergebnis des 2. Dezember [1851] zu erzielen, ohne sich dabei jedoch der Methoden jenes 2. Dezember zu bedienen, will sagen, einer mehrere Wochen andauernden Repressionswelle, die zahlreiche Opfer forderte und die für das Regime Napoleons III. ein unauslöschlicher Makel war. Tatsächlich gelang die gewagte Operation de Gaulle weitaus eleganter: Er respektierte die Verfassung und behielt auch saubere Hände. Das war entscheidend dafür, dass seine zunächst lediglich formale Legitimität, sich in dem Maße, wie sich seine Beteuerungen, die Legalität der Republik zu respektieren, bewahrheiteten und seine Politik Erfolge vorweisen konnte, zu einer moralischen Legitimität wurde, die ihren Niederschlag in überwältigenden Wahl- und Volksabstimmungsergebnissen fand. Frankreich konnte erneut mit tiefgefühlter Dankbarkeit zu seinem Retter aufblicken.

Das Erste, was de Gaulle nun zu tun hatte, war, die Autorität des Staates in Frankreich und Algerien zu restaurieren, was vor allem bedeutete, sich der unbedingten Loyalität der Armee zu versichern. Das gelang ihm umso besser, als er bei seinem ersten, stürmisch bejubelten Besuch in Algier am 4. Juni 1958 alles vermied, was die Hoffnungen hätte irritieren können, die von den Algerienfranzosen in ihn gesetzt wurden. Denen versicherte er unter tosendem Beifall lediglich: «Ich habe Euch verstanden.» Dieses Wort bildete den Paravent, hinter dem de Gaulle in aller Stille eine politische Wende vorbereitete, die erst allmählich offenbar wurde, nachdem er die auf ihn maßgeschneiderte Verfassung durchgesetzt hatte. Über den Verfassungsentwurf der V. Republik, der dem Staatspräsidenten, der zunächst noch von einem rund 80 000 Notabeln umfassenden Gremium gewählt werden sollte, weitreichende politische Leitungs- und Exekutivbefugnisse zusprach, während die Rechte des Parlaments wie der Spielraum der Regierung erheblich beschnitten wurden, sollten die Franzosen in einer Volksabstimmung am 28. September 1958 entscheiden. Bei einer Beteiligung von rund 85 Prozent stimmten in Frankreich gut 80 Prozent zu; noch überwältigender war das Ergebnis in Algerien, wo bei etwa gleicher Wahlbeteiligung die Zustimmung sogar 97 Prozent betrug. Auch die Wahlen für die neue Nationalversammlung, die am 23. und 30. November stattfanden, verschafften den «Gaullisten» und den mit ihnen politisch konformen konservativen Parteien eine Mehrheit von 323 Abgeordneten in einer Nationalversammlung, die 544 Mitglieder hatte. Am 21. Dezember schließlich wurde de Gaulle von den Notabeln des Wahlmännergremiums mit rund 62 000 Stimmen zum ersten Präsidenten der V. Republik gewählt.

De Gaulle konnte sich jetzt auf die Verfassung stützen, die er in seiner Rede in Bayeux skizziert hatte. Die Verfassungsnorm ist jedoch das eine, die Verfassungswirklichkeit das andere, das Entscheidende. Die Verfassungsnorm der V. Republik verschaffte de Gaulle die Chance, in der Verfassungswirklichkeit den Staat als das wiederherzustellen, was er zu Zeiten eines Colbert, eines Bonaparte, ja selbst eines Napoleon III. gewesen war, der Ausdruck der *volonté nationale*. Mit großem Geschick, bisweilen auch mit Demagogie bediente er sich der öffentlichen Meinung, die er für seine Ziele einzuspannen verstand, indem er die Franzosen mit der Vorstellung verführte, aus ihnen wieder die *Grande Nation* zu machen. Deshalb nutzte er die Außenpolitik dazu, der *grandeur* neuen Glanz zu verleihen. Nichts ist wahrer als der schöne Schein. Dieser Erfolg lieferte ihm die Voraussetzung, die Parteien und die Nationalversammlung endgültig zu entmachten und allein mit der Bürokratie das Land zu regieren.

DIE LÖSUNG DES ALGERIENPROBLEMS

Ohne auf lästige Einsprüche der politischen Klasse zu achten, konnte er jetzt daran gehen, das Algerienproblem zu lösen, das die Hauptursache für Frankreichs Schwäche war, den Anspruch auf *grandeur* beeinträchtigte. In einer von Hörfunk und Fernsehen übertragenen Rede am 16. September 1959 deutete er zum ersten Mal öffentlich an, dass er langfristig die algerische Selbstbestimmung ins Auge fasse, über die Frankreich in einem Referendum entscheiden solle. Diese reichlich vagen Andeutungen genügten bereits, um viele der in Algerien stationierten Offiziere zu verbittern, die de Gaulle Verrat und Täuschung vorwarfen. Am 24. Januar 1960 entlud sich der Unmut in Tumulten, die vor allem von Anhängern des rechtsradikalen *Front national français* (FNF) mit wohlwollender Unterstützung des Militärs organisiert wurden und fünf Tage andauerten. Eine weitere Fernsehansprache de Gaulles, der in Generalsuniform sich direkt an die rund 600 000 französischen Soldaten in Algerien, zumeist Wehrpflichtige, wandte und sie zum Gehorsam gegenüber seinen Befehlen aufrief und in der er erneut die Selbstbestimmung der Algerier als einzig mögliche Lösung bezeichnete, machte diesem Spuk ein Ende.

Die weitere Entwicklung wurde jetzt entscheidend dadurch beeinflusst, dass allmählich das ganze Ausmaß der von der französischen Armee und Polizei betriebenen brutalen Unterdrückungspraxis mit Mord, Folter und der Internierung der Bevölkerung ganzer Landstriche in Konzentrationslagern, in denen fürchterliche Zustände herrschten, in der französischen Öffentlichkeit bekannt wurde und hier eine stetig höher anschwellende Woge der Kritik auslöste. Für das Ansehen de Gaulles wie der V. Republik war dies umso schädlicher, als André Malraux, der flamboyante Kulturminister, der bei den Intellektuellen hohes Ansehen genoss, 1958 versichert hatte, dass seit Amtsantritt des Generals diese Methoden nicht mehr angewendet würden. Die jetzt bekannt werdenden Fälle und Vorwürfe, von denen unschwer abzusehen war, dass sie nur die Spitze des Eisbergs waren, dementierten diese Behauptung nachdrücklich und wirkten sich deshalb umso verheerender aus. Das vor allem zwang de Gaulle dazu, nun schneller als von ihm beabsichtigt eine Lösung im Sinne seiner wiederholten Andeutungen anzustreben. Am 8. Januar 1961 wurden die Franzosen im Mutterland und in Algerien dazu aufgerufen, über die Selbstbestimmung Algeriens abzustimmen. Im Mutterland wurde dem Vorschlag mit rund 75 Prozent zugestimmt, während die Franzosen in Algerien mit massiver Mehrheit dagegen votierten.

Das Referendum verursachte eine sprunghafte Verschärfung der Situation. In Algerien kam es Ende April 1961 zu neuen Tumulten, während gleichzeitig der algerische FLN, der *Front de libération nationale*, der für die Unabhängigkeit des Landes kämpfte, die Anschläge vervielfachte. Um die unvermeidliche algerische Unabhängigkeit irgendwie doch noch zu vereiteln, gründeten französische Siedler jetzt eine neue rechtsextreme Kampfgruppe, die *Organisation armée secrète* (OAS), an der sich auch zahlreiche französische Offiziere beteiligten. Damit waren die Fronten eines Bürgerkriegs klar gezogen, denn während eine Mehrheit der Algerier in der FLN die Vertretung ihrer Interessen sah, schlugen sich die meisten Algerienfranzosen auf die Seite der OAS. Diese Entwicklung verschärfte den schwärenden Konflikt und ließ ihn vor allem auch nach Frankreich selbst übergreifen, wo sowohl die FLN wie die OAS mit Überfällen, Morden und Bombenanschlägen Angst und Schrecken verbreiteten. Der in Algerien seit langem tobende Krieg, über den die Festlandfranzosen bislang vor allem nur durch zensierte Presseberichte und verharmlosende Fernsehbilder unterrichtet worden waren, wurde nun auch in Paris ausgetragen. Selbst de Gaulle wurde das Ziel mehrerer Attentate der OAS, denen er aber stets unverletzt entging. Diese Spirale des Schreckens und der Brutalität beschleunigte mittelbar die geheimen Verhandlungen, die zwischen Frankreich und der FLN endlich in Gang gekommen waren und die in der Nähe von Genf stattfanden. Am 18. März 1962 wurde in Evian das Abkommen unterzeichnet, das Algerien die so gut wie bedingungslose Unabhängig-

keit gab und dem im Referendum vom 8. April 1962 rund 92 Prozent
der Franzosen zustimmten. Die Algerier votierten am 1. Juli 1962 sogar mit 99 Prozent. Zwei Tage später erkannte Frankreich die Souveränität Algeriens an.

Für die OAS war dies das Signal für ein letztes Aufbäumen. Da sie
nichts mehr zu gewinnen hatte, wollte sie wenigstens alles zerstören:
Algerien sollte als rauchende Trümmerwüste an seiner Unabhängigkeit scheitern. Systematisch wurden Schulen, Krankenhäuser, Erdöl-
lager und die Universität von Algier gesprengt, wurden zahllose Menschen ermordet. Auf diesen Terror antwortete die FLN mit Gegenterror.
Zwischen April und Juli 1962 wurden so die letzten Hoffnungen auf
ein irgendwie friedlich-schiedliches Miteinander von französischen
Siedlern und Algeriern in der Zeit nach der Unabhängigkeit endgültig zerstört. Die Algerienfranzosen, Von denen viele seit Generationen im Land lebten, sahen sich gezwungen, unter Zurücklassung
von Hab und Gut in das ihnen zumeist fremde Mutterland zu flie-
hen, um ihr nacktes Leben zu retten. Rund 750 000 Flüchtlinge wurden so binnen weniger Wochen nach Frankreich geschwemmt, von
denen sich die meisten im Süden, an der ihnen klimatisch vertrauten Côte d'Azur niederließen. Das erhellt, dass in diesen Départements der rechtsradikale *Front national* bis heute einen starken Wäh-
lerstamm hat. Als nach dem Tod de Gaulles der Innenminister qua
Dekret verfügte, dass in jeder Stadt und Gemeinde eine wichtige
Straße oder ein Platz seinen Namen tragen sollte, wurde diese Weisung in dem zwischen Nizza und Antibes gelegenen Saint-Laurent-
du-Var beispielsweise damit befolgt, dass man einem im Nichts en-
denden, von Unkraut überwucherten Weg hinter dem Bahnhof den
Namen *Impasse General de Gaulle* gab, «Sackgasse General de Gaulle».

POLITIK UND WIRTSCHAFT UNTER DE GAULLE

Die allzu späte, allzu überhastete und alles in allem höchst unzulänglich ausgehandelte Entlassung Algeriens in die Unabhängigkeit
befreite Frankreich von einer Last, an der es zu ersticken gedroht

hatte. Gestützt auf die Machtfülle, die ihm die V. Republik verschaffte, konnte de Gaulle, nachdem er auch noch durch eine Verfassungsänderung die Direktwahl des Staatspräsidenten eingeführt hatte, mittels der die Legitimation des Amtsinhabers enorm gestärkt wurde, nun seine staatsmännischen Fähigkeiten gemäß der *certaine idée de la France*, die sein Handeln bestimmte, innen- und außenpolitisch frei entfalten. Daraus entwickelte sich jetzt endgültig der Gaullismus, der lediglich eine Haltung, aber keine Doktrin bezeichnet, die sich auf bestimmte und in sich kohärente Anschauungen gründete. Allein durch das Charisma de Gaulles, das er mit großem Geschick darzustellen verstand, erhielt der Gaullismus den Anschein einer Folgerichtigkeit, die über manche Schwächen und Ungereimtheiten hinwegtäuschte. Im Besonderen gilt dies für dessen weitgehende Substanzlosigkeit. Sein Inhalt war vor allem ein anachronistisches, dem 19. Jahrhundert gemäßes Verständnis von Machtpolitik, die an die *grandeur* Frankreichs rückgekoppelt wurde, sich jedoch ihrerseits nie begründen, sondern stets nur opportunistisch beschwören ließ. Das jedoch genügte, damit Frankreich unter der V. Republik de Gaulles wieder zu sich selbst fand. Von diesem Erbe zehren alle seine Nachfolger.

Materielle Grundlage für diese Renaissance Frankreichs, die von einer Wählermehrheit, die weit ins linke Lager reichte, de Gaulles energischer Politik zugeschrieben wurde, war eine Phase wirtschaftlicher Hochkonjunktur mit Wachstumsraten von 5,8 Prozent, während die Arbeitslosigkeit unter 2 Prozent lag und die Inflation weniger als 4 Prozent betrug. Entscheidende Voraussetzungen für diesen Erfolg waren unmittelbar nach Kriegsende und während der IV. Republik gelegt worden, die von de Gaulle mit einer klugen Mischung aus gezielten Steuererhöhungen bei gleichzeitiger Einschränkung der Sozialausgaben, die für einen ausgeglichenen Staatshaushalt sorgten, fortgesetzt wurden. Was diesen Erfolg erheblich stützte und verstetigte, war die Ausweitung des Freihandels, der dank der auf den Weg gebrachten Europäischen Wirtschaftsgemeinschaft (EWG) Frankreich den Abschied vom traditionellen Wirtschaftsprotektionismus, dem Colbertismus, erleichterte. Weitere wichtige Entscheidungen waren die bereits 1960 erfolgte Abwertung des Franc um 17,5 Prozent und die Einführung der neuen Franc-Währung, mit der jene Monsterzahlen, wie sie der italienischen Lira noch lange eigentümlich waren, verschwanden. Die Abwertung des Franc wirkte sich unmittelbar auf den französischen Export aus, der mit Zuwachsraten von 10 Prozent jährlich prunken konnte, was seinerseits eine erhebliche Ausweitung und Diversifizierung der industriellen Güterproduktion bewirkte. Im Kontrast dazu verringerte sich die Zahl derer, die in der Landwirtschaft arbeiteten, gingen kleine, unrentable Höfe in immer größeren, effizient bewirtschafteten Agrarbetrieben auf. Die Zahl der in der Landwirtschaft Beschäftigten sank von 8,4 Prozent 1962 auf 4 Prozent 1975, während die der selbstständigen Höfe ebenfalls halbiert wurde. Ein Aspekt dieses französischen «Wirtschaftswunders» lastet aber bis heute als Hypothek auf der französischen Gesellschaft: die massenhafte Immigration billiger Arbeitskräfte vor allem aus den nordafrikanischen Staaten, die damals begann und die unter der Präsidentschaft Pompidous und Giscard d'Estaings verstärkt weiterging.

Die wirtschaftliche Blüte Frankreichs nutzte de Gaulle vor allem dazu, *grandeur* und *gloire* neuen Glanz zu verschaffen. Das gelang ihm im Wesentlichen dadurch, dass mittels staatlichem Dirigismus bestimmte Prestigeprojekte gefördert wurden. Klassisches Beispiel dafür ist das wirtschaftlich unsinnige Überschallverkehrsflugzeug *Concorde*, das gemeinsam mit Großbritannien entwickelt wurde, das ab 1976 mehr als 20 Jahre lang aber nur auf der Strecke zwischen Paris oder London und New York im Einsatz war. Die Produktion der *Concorde* verschaffte Frankreich andererseits jedoch das *Know-how*, um Eigenständigkeit in der technologisch anspruchsvollen Luft- und Raumfahrtindustrie gegenüber den USA und der Sowjetunion zu behaupten. Das garantieren auch die hochsubventionierten Dassault-Flugzeugwerke, die mit ihren *Mirage*-Kampfflugzeugen in den 50er-

und 60er-Jahren einen Exportschlager produzierten, allerdings mit dem jetzigen Modell, der *Rafale*, erhebliche Schwierigkeiten haben, sich gegen die preiswerteren Konkurrenzangebote der US-Rüstungsindustrie oder auch gegen den gemeinsam von Deutschland, Großbritannien und Spanien gefertigten *Eurofighter* durchzusetzen.

Ein zweites Beispiel ist die französische Nuklearindustrie, der schon früh das besondere Augenmerk de Gaulles galt und die bereits im Oktober 1945 zur Gründung des *Commissariat à l'énergie atomique* (CEA) führte. Auch förderte die V. Republik mit besonderem Nachdruck die zivile wie militärische Nutzung der Kernenergie. 1971 ging der erste französische Kernreaktor ans Netz. Bis heute wird der Strombedarf in Frankreich zu 84,2 Prozent von Kernkraftwerken gedeckt, was hier im Gegensatz zu Deutschland kaum jemanden sonderlich ängstigt.

Stärker noch als der zivilen galt de Gaulles Interesse der militärischen Nutzung der Atomenergie. Frankreich musste, das war seine Überzeugung, eine eigene Atombombe haben, um seine Selbstständigkeit und den Anspruch auf *grandeur* gegenüber den beiden Atommächten USA und der Sowjetunion auch in Zukunft behaupten zu können. Arbeiten zur Entwicklung einer französischen Bombe waren schon unter der IV. Republik weit gediehen, so dass de Gaulle bereits im Februar 1960 die Welt mit einem ersten Atombombentest in der Sahara überraschen konnte. Ohne strategische Trägerwaffen war der Besitz der Bombe allein aber nichts wert, weshalb Frankreich Unsummen in Entwicklung und Aufbau der *force de frappe*, der Atomstreitmacht steckte. 1967 verfügte Frankreich bereits über 62 *Mirage* IV Überschallbomber, die nukleare Sprengköpfe transportieren konnten. In diesem Jahr lief auch das erste französische Atom-U-Boot vom Stapel. Ein Jahr später wurde die erste Wasserstoffbombe auf dem Mururoa-Atoll im Pazifik gezündet und 1971 standen die ersten Mittelstreckenraketen zur Verfügung, die in Bunkern auf dem Plateau d'Albion im damals noch verwunschenen Luberon in Südostfrankreich stationiert wurden.

Der zügige Aufbau einer eigenen Atomstreitmacht trug erheblich dazu bei, das Selbstbewusstsein einer an *grandeur* und Unabhängigkeit orientierten Außenpolitik zu stärken. Ein Gradmesser dafür ist der etappenweise Rückzug Frankreichs aus der NATO. Als Frankreichs seit 1950 immer wieder erhobene Forderung nach einem Drei-Mächte-Direktorium der NATO, das den Anspruch auf eine Weltmachtrolle unterstrichen hätte, auch de Gaulle abgeschlagen wurde, entzog er die französische Mittelmeerflotte dem NATO-Oberkommando. 1960 wurde die französische Luftwaffe aus dem Bündnis herausgenommen, 1963 die gesamte französische Kriegsmarine. 1966 schließlich verabschiedete sich Frankreich aus allen strikt militärischen Strukturen des Bündnisses und zwang dieses gleichzeitig, sein europäisches Hauptquartier von Fontainebleau bei Paris nach Mons in Belgien zu verlegen. Diese Zurschaustellung der französischen Souveränität war für die Sicherheit des Landes in Zeiten des Kalten Kriegs umso gefahrloser, als große US-Kontingente in Deutschland stationiert waren, die hier der Sowjetunion die Stirn boten.

Trotz der *force de frappe*, die sich im Vergleich zu dem Atomwaffenpotential der beiden Großmächte sowieso nur sehr bescheiden ausnahm und die deshalb die vermeintlich auf Abschreckung basierende Sicherheit des Landes entschieden minderte und nicht vergrößerte, wie stets behauptet wurde, war Frankreich eine Mittelmacht. Das suchte de Gaulle erfolgreich dadurch zu überspielen, dass er sich einerseits einer Großmachtrhetorik bediente, die Frankreichs Politik die bisweilen peinliche Anmutung der Hochstapelei verschaffte, und er andererseits kaum eine Gelegenheit ausließ, den französischen Einfluss in der Welt ohne Rücksicht auf die Interessen und Absichten der USA auszubauen. Die Verstimmungen zwischen beiden Mächten, die daraus regelmäßig resultierten, ließen sich dann ihrerseits wieder als Beweis für die *grandeur* und eigenständige Machtausstrahlung Frankreichs ausdeuten.

Nicht zuletzt dank seiner Mitgliedschaft im Sicherheitsrat der UN konnte Frankreich Anspruch auf eine führende Rolle in weltpolitischen Zusammenhängen erheben, dem de Gaulle unter anderem durch ausgedehnte, wirkungsvoll inszenierte Auslandsreisen Substanz zu verleihen suchte, auf denen er sich im offenen Widerspruch zur US-Politik als der Führer einer Großmacht profilierte, die jenen Staaten, die Anlehnung an einen Stärkeren suchten, eine Alternative zu den beiden Blöcken offerierte. Das war aber bloße Kraftmeierei, die weitgehend erfolglos blieb und als solche immer offensichtlicher wurde, als seine Nachfolger im Amt, die weder de Gaulles Charisma noch sein Format besaßen, ihm darin nachzueifern suchten.

Selbst auf dem europäischen Schauplatz scheiterte de Gaulle damit, Frankreich wieder den Rang einer unbestrittenen Führungsmacht des Kontinents zu verschaffen, den es Jahrhunderte lang behauptet, aber mit Napoleon endgültig verspielt hatte. Dieser Absicht diente das zweimalige Veto, das er gegen Großbritanniens Beitritt zur EWG einlegte, das von ihm verdächtigt wurde, ein Trojanisches Pferd der amerikanischen Interessen zu sein. Er scheiterte zum Weiteren aber auch damit, das «Europa der Sechs», das neben Frankreich die weiteren Gründungsmitglieder der EWG, Deutschland, Italien, Belgien, die Niederlande und Luxemburg, umfasste, zu einer von den USA weitgehend unabhängigen Staatengemeinschaft unter seiner Führung zu schmieden. Davon blieb, was nur als eine Etappe zu diesem Ziel gemeint war, der deutsch-französische Freundschaftsvertrag von 1963, der den seit den napoleonischen Kriegen beiderseits des Rheins gepflegten Mythos der «Erbfeindschaft» glücklich dem Vergessen überantwortete.

Der Freundschaftsvertrag besiegelte auch endgültig die scharfe Wende, die de Gaulle in seiner Haltung zu Deutschland genommen hatte. Als er bei Kriegsende das erste Mal an die Macht kam, verfolgte er das alte Ziel, die Stellung Frankreichs auf eine dauernde Schwächung Deutschlands zu gründen. 1958 hatte er sich aus zwei Einsichten davon verabschiedet: Zum einen gab es keine bilaterale Lösung für den historischen deutsch-französischen Gegensatz, die Frankreich allein hätte durchsetzen können. Das vereitelte nicht allein nur die relative Schwäche Frankreichs, sondern vor allem auch der sich rapide verschärfende Ost-West-Gegensatz. Diese Einsicht war bereits die Grundlage des vom französischen Außenminister Robert Schumann entwickelten und nach ihm benannten «Schumann-Plans» gewesen, der das Problem dadurch erfolgreich löste, dass er es in den größeren Zusammenhang der angestrebten europäischen Einigung stellte. Zu dieser Lösung konnte sich de Gaulle umso leichter verstehen, als Frankreich darauf hoffen konnte, die vor allem in wirtschaftlicher Hinsicht rasch anwachsende Stärke der Bundesrepublik dazu zu nutzen, in der Weltpolitik wieder die Rolle zu spielen, die es aus eigener Kraft nicht mehr auszufüllen vermochte. Dem kam nicht zuletzt auch entgegen, dass die Bundesrepublik sich in der Außenpolitik Selbstbeschränkungen auferlegte und deutlich zu verstehen gab, ihr wirtschaftliches Gewicht nicht entsprechend ausmünzen zu wollen.

De Gaulles Versuch jedoch, die Bundesrepublik auf diese Absichten eindeutig zu verpflichten, scheiterte am Widerstand von Bundeskanzler Konrad Adenauer, der sich klugerweise dem Ansinnen verweigerte, die amerikanische Schutzgarantie gegen eine französische zu tauschen. Dieses Garantieangebot taugte umso weniger etwas, als auch die Franzosen nach wie vor auf den amerikanischen Atomschirm angewiesen waren. Zum Weiteren hätte die Akzeptanz der französischen Offerte nur den Effekt gehabt, die Bundesrepublik in Abhängigkeit von Frankreich zu bringen. Aus diesem Grund lehnte Adenauer auch de Gaulles Ansinnen ab, das er ihm gelegentlich seines Staatsbesuchs im September 1962 unterbreitete, gemeinsam mit Frankreich eine politische Union zu gründen. Eine solche Union, so verklausulierte Adenauer seine Absage diplomatisch, sei nur möglich, wenn sich auch die anderen EWG-Partner dazu bereit fänden. Dieser Linie entsprach es auch, dass der Bundestag den deutsch-französischen Freundschaftsvertrag nur um den Preis einer Präambel ratifizierte, mit der die transatlantischen Bindungen der Bundesrepublik bekräftigt wurden.

Auch wenn die von de Gaulle immer wieder mit großer Emphase propagierten außenpolitischen Ziele regelmäßig daran scheiterten, dass Frankreich zu schwach war, um sich als wirklich unabhängige dritte Kraft in einer Welt behaupten zu können, die von zwei weltanschaulich und militärisch diametral entgegengesetzten Großmächten beherrscht wurde, war er damit dennoch insoweit erfolgreich, als es ihm gelang, den französischen Einfluss auszuweiten und der Stimme Frankreichs in der Welt wieder Gehör zu verschaffen. Das gilt vor allem für die Abkehr von der pro-israelischen Politik und die Hinwendung Frankreichs zum arabischen Lager, die bis Nicolas Sarkozy ein außenpolitisches Dogma der V. Republik war. Das waren Erfolge, die sich vor allem in Frankreich reich verzinsten, insofern sie einen wesentlichen Beitrag dazu leisteten, den durch den Krieg, die Besatzung und den Verlust der Kolonien tief verwundeten Stolz der Nation zu heilen.

Am 11. Dezember 1969, nach dem Rücktritt vom Amt des Staatspräsidenten, empfing de Gaulle seinen ehemaligen Kulturminister zu einem langen Gespräch an seinem Alterssitz, das André Malraux dann in einem Buch mit dem Titel *Les chênes qu'on abat* verarbeitete. De Gaulle, so die Darstellung Malraux', soll ihm dabei unter anderem anvertraut haben: «Mich verband mit Frankreich ein Vertrag.» Als sich Malraux verwunderte, dass de Gaulle Frankreich und nicht die Franzosen sagte, versetzte der: «Die Franzosen haben keinen nationalen Ehrgeiz mehr. Sie wollen nichts mehr für Frankreich wagen. Ich habe sie mit Fahnen unterhalten, ich habe sie dazu angehalten, geduldig auf was, wenn nicht auf Frankreich, zu warten?»

7

DIE REPUBLIK
DER DIADOCHEN

Der Pariser Mai 68 bezeichnet ein Geschehen, das trotz aller politischen Folklore, die es mit den Jahren immer dichter überwuchert, keiner der Revolutionen des 19. Jahrhunderts gleichkommt, denn mit ihm wurde kein Regimewechsel erzwungen. Der lautstarke Protest der Studenten, die sich redlich mühten, das Ritual der Barrikadenkämpfe und Straßenschlachten nachzustellen, die typisch sind für die Dramaturgie solcher Ereignisse, war im Wesentlichen *intra muros* auf den Quartier Latin und das benachbarte Viertel St. Germain-des-Prés beschränkt. Was sich hier zwischen dem 3. und dem 15. Mai abspielte, hatte den Charakter eines Happenings, der Freilichtinszenierung einer Empörung, an der sich viele Statisten mit Feuereifer und Phantasie beteiligten.

DER MAI 1968 UND DAS ENDE DER ÄRA DE GAULLE

Dieses Lärmen war auch weit davon entfernt, den Staat zu beunruhigen. Premierminister Pompidou reiste am 2. Mai zu einem zehntägigen Besuch nach Teheran und de Gaulle brach noch am 14. Mai zu einem viertägigen Staatsbesuch Rumäniens auf. Darin hat man später die Blindheit oder den Hochmut der Mächtigen sehen wollen. Aber diese Vermutung ist Unfug, denn es gibt wohl kein anderes demokratisch verfasstes Land, in dem dank langer einschlägiger Erfahrungen die Regierung über die Gefahren, die ihr im Innern drohen, so gut unterrichtet ist wie in Frankreich.

Ein letztes Indiz dafür, dass es sich bei der «Studentenrevolution» vor allem um eine Riesengaudi handelte, ist das gewiss anstößig anmutende Argument, dass sie kein Todesopfer forderte. Das ist umso erstaunlicher, als auf Seiten der Ordnungskräfte Einheiten der wegen ihrer Brutalität gefürchteten CRS, der *Compagnies républicaines de sécurité*, eingesetzt wurden. Die CRS war und ist eine dem Innenminister unterstellte schwarzuniformierte Schlägertruppe, von der damals viele ihre ersten Erfahrungen beim brutalen Niederknüppeln algerischer Demonstranten zwischen April 1961 und Sommer 1962 gesammelt hatten. Diese Repression hatte stets Todesopfer gefordert.

Was den Staat im Mai 68 erst in die Defensive trieb und dann in eine tiefe Krise zu stürzen drohte, war, dass die französischen Arbeiter dem Vorbild der Studenten folgten und ihrerseits in den Streik traten. Dabei bedienten sie sich einer neuen Taktik, der Besetzung von Fabriken und Gefangennahme von Managern. Diese Streikbewegung, die spontan am 14. Mai in einer Flugzeugfabrik in Nantes begann, verbreitete sich wie ein Flächenbrand. Am 15. Mai schlossen sich die Arbeiter in den Renault-Autowerken in Rouen an, am 16. Mai folgten die Arbeiter im Hauptwerk von Boulogne-Billancourt bei Paris. Bis zum 21. Mai kam die gesamte französische Wirtschaft zum Stillstand, waren nach Schätzungen rund 10 Millionen im Ausstand. Das war der umfassendste Generalstreik, den Frankreich je erlebt hatte.

In einer seit Wochen angekündigten Fernsehansprache am 24. Mai versuchte de Gaulle in bewährter Manier die Gemüter zu beruhigen, die sich anbahnende Krise der V. Republik zu entschärfen. Allein, diesmal versagte sein Charisma. Die vagen Ankündigungen einer Universitäts- und umfassenden Wirtschaftsreform überzeugten nicht, sondern verstärkten nur den vorherrschenden Eindruck, er sei den Problemen himmelweit entrückt. Ebenso scheiterte der Versuch, den Premierminister Georges Pompidou gleichzeitig unternahm. Der machte sich die Deutung der Kommunisten zu Eigen, die in der Streikbewegung, die ohne ihr Zutun oder das der Gewerkschaften ausgebrochen war, die Forderung nach Lohnerhöhungen zu erken-

nen glaubten. Bei einer dreitägigen Klausursitzung im Sozialministe-
rium in der Rue de Grenelle wurde von Regierungsvertretern und
Gewerkschaftsführern ein Paket geschnürt, das eine Erhöhung der
Mindestlöhne um 35 Prozent, aller anderen um 10 Prozent, eine Ver-
kürzung der Wochenarbeitszeit, Verbesserung der Bedingungen am
Arbeitsplatz, höhere Familienzulagen und eine Ausweitung der ge-
werkschaftlichen Mitsprache am Arbeitsplatz vorsah. Dieses Füll-
horn an Wohltaten, die sogenannten «Grenelle-Übereinkünfte»,
von denen sich Pompidou sicher war, sie würden die Krise sofort entschärfen, wurde am 27. Mai verkündet.

Die Streikenden im ganzen Land wiesen das Angebot empört zurück. Schlimmer noch: Überall im Lande gellten den Gewerkschafts-
funktionären Forderungen nach einer «Volksregierung» entgegen.
Das war ein Verlangen, mit dem ihnen die Basis nicht nur die Gefolgschaft aufkündigte, sondern sich vor allem auch die Drohung einer sozialen wie politischen Revolution ankündigte. Dieser Ablauf
der Geschehnisse war nichts weniger als klassisch, denn durch den
Versuch, die Empörung durch Zugeständnisse zu dämpfen, wurde
diese erst recht ermutigt, in ihren Forderungen aufs Ganze zu gehen.
Der Ausbruch einer Revolution schien damit unmittelbar bevorzu-
stehen. Ein für den 29. Mai angesetzter Ministerrat wurde von de
Gaulle abgesagt. Am Morgen dieses Tages verließ er durch eine Hin-
tertür den Elysée-Palast, um sich, wie verbreitet wurde, mit Frau
Yvonne nach Colombey-les-deux-Eglises zu begeben. Wollte er damit der Revolution entkommen?

Nein, de Gaulle war kein Ludwig XVI. Mit dem Hubschrauber
flog er nach Baden-Baden ins Hauptquartier der in Deutschland stationierten französischen Streitkräfte. Dort traf er mit deren Ober-
kommandierenden, General Massu, und anderen Generälen zusammen. Das war eine heikle Mission, denn Massu gehörte in die erste
Reihe jener, die sich einst gegen die Algerien-Politik de Gaulles ge-
stemmt hatten. Das wurde mit einer demütigenden Strafversetzung
des damaligen Obersten Massu in die Provinzgarnison Metz geahn-

det. Auch wenn über den Inhalt dieser Beratungen keiner der daran Beteiligten weder damals noch später irgendetwas verlauten ließ außer der Bestätigung, dass sie stattfanden, scheint dennoch klar zu sein, dass sich de Gaulle damit der Loyalität der Armee versichern wollte, sollte es in Paris zum Äußersten kommen. Das Ergebnis jedenfalls muss sehr befriedigend ausgefallen sein, denn am Nachmittag des 30. Mai wandte sich ein wie gewohnt sehr selbstsicherer de Gaulle an die Franzosen: «Ich werde nicht zurücktreten. Ich habe mein Mandat vom Volk, das ich erfüllen werde. Ich werde auch den Premierminister nicht auswechseln.» Sein einziges Zugeständnis war die Ankündigung, die Nationalversammlung mit sofortiger Wirkung aufzulösen und Neuwahlen auszuschreiben. Das verknüpfte er jedoch mit der nicht weiter spezifizierten Warnung, dass, wenn die gewalttätige Situation sich verschärfe, er sich zu anderen Schritten gezwungen sähe. Frankreich werde von einer Diktatur bedroht. Dazu jedoch werde es nicht kommen. Die Republik bleibe bestehen.

Rechnete de Gaulle allen Ernstes mit einem kommunistischen Putsch? Das ist wenig wahrscheinlich, denn die Kommunisten waren wie die Gewerkschaften und andere gesellschaftlichen Organisationen von der Streikbewegung überrollt worden. Als aufrechte Stalinisten waren sie außerdem unfähig, die Macht, die ihnen die Straße zuspielte, beherzt zu ergreifen. Das wusste de Gaulle, weshalb er die Drohung einer kommunistischen Diktatur einfach erfand, um die Masse der guten Bürger auf seine Seite zu ziehen und gestützt auf diese den Kampf zu gewinnen. Dieses Kalkül ging glänzend auf, denn die Aussicht auf Revolution und Blutvergießen, auf Diktatur des Proletariats und weitere schauerliche Antiquitäten, entzog dem Protest nicht nur den Boden, sondern mobilisierte auch die «schweigende Mehrheit». Unmittelbar nach de Gaulles Fernsehansprache formierte sich auf den Champs-Elysées ein riesiger Demonstrationszug, der die Marseillaise anstimmte und in Sprechchören immer wieder die Wiederaufnahme der Arbeit oder die Säuberung der von den Studenten besetzten Sorbonne verlangte.

Diese Demonstration brachte die Wende. Bereits am nächsten Tag begann sich das Leben zu normalisieren, brachen die Arbeiter nach und nach ihren Streik ab, auch wenn in manchen Betrieben die Arbeitskämpfe noch bis weit in den Juni hinein andauerten. Bezeichnenderweise kam es auch erst jetzt bei Auseinandersetzungen mit der Polizei zu Toten. Am 10. Juni ertrank ein von den Sicherheitskräften verfolgter Student, der in der Renault-Fabrik in Flins zu agitieren versuchte, in der Seine. Am nämlichen Tag starben zwei der streikenden Arbeiter, nachdem sie sich in der von ihnen besetzten Peugeot-Fabrik im nordfranzösischen Sochaux mit der CRS eine eintägige Schlacht geliefert hatten. Am längsten dauerten die Proteste jedoch beim staatlichen Rundfunk ORTF an, dem *Office de Radiodiffusion et Télévision française*, wo sich die Journalisten bis in den Juli hinein gegen Zensureingriffe der Regierung wehrten. Diese Unbotmäßigkeit wurde mit der fristlosen Entlassung von über hundert Redakteuren geahndet. Zuvor jedoch, am 14. Juni 1968, wurden die zumeist zu lebenslangen Haftstrafen verurteilten Chefs der einstigen OAS aus dem Gefängnis entlassen und am 14. Juli erging eine Generalamnestie für alle im Zusammenhang mit dem Algerienkrieg verübten Verbrechen. Damit erfüllte de Gaulle die Bedingungen, die ihm Massu für die Loyalität der Armee abverlangt hatte. Die Macht und ihr Preis.

Der Ausgang der Wahlen zur Nationalversammlung, die Ende Juni stattfanden, übertraf das erhoffte Ergebnis: Die von den Gaullisten dominierte Rechte stellte 354 Abgeordnete, während alle Linksparteien zusammen nur 124 Sitze im Palais Bourbon einnehmen konnten. Ein drittes und letztes Mal hatte sich de Gaulle als Retter Frankreichs bewiesen. Aber jetzt war es damit nicht mehr dasselbe, denn die Konvulsionen des Mai hatten gezeigt, wie sehr sich das Land, die Nation verändert hatten. Das resümierte de Gaulle im Gespräch mit André Malraux später mit: «La grandeur – c'est fini.» Darin verriet sich die bittere Einsicht, dass er sich selbst überlebt hatte und allein ein rascher Abgang von der Macht seine nur noch historische Leistung vor Beschädigung bewahrte.

Den willkommenen Vorwand dafür lieferte das gescheiterte Referendum am 27. April 1969, bei dem über eine vorsichtige Lockerung des starren Zentralismus – Regionen mit bescheidenen Selbstverwaltungskompetenzen sollten die von Paris gegängelten Départements als Verwaltungseinheiten ablösen – abgestimmt wurde. In einer Fernsehansprache zwei Tage vor dem Urnengang machte de Gaulle deutlich, dass eine Ablehnung dieses Vorschlags seinen sofortigen Rücktritt zur Folge hätte. Das vor allem gab den Ausschlag, denn die allen französischen Staatstraditionen tendenziell zuwiderlaufende Gebietsreform dürfte kaum die Wähler mobilisiert haben, die dieses Vorhaben mit 53 gegen 47 Prozent ablehnten. Wenige Minuten nach Mitternacht, am Morgen des 28. April 1969 ließ de Gaulle seinen sofortigen Rücktritt vom Amt des französischen Staatspräsidenten ankündigen.

Der Rücktritt de Gaulles war ein Opfer, das nicht nur seine historische Größe wahrte, sondern vor allem auch, was oft übersehen wird, seine ganz auf die eigene Statur und das eigene Temperament zugeschnittene Schöpfung, die V. Republik. Daran, ob das ein Segen für Frankreich war, haben ausnahmslos alle seine Nachfolger im Amt des Präsidenten Zweifel geweckt, auch wenn die große, die Verfassung infrage stellende Krise bislang noch vermieden werden konnte. Eine historische Parallele, die des Bismarck-Reichs, drängt sich in diesem Zusammenhang, *mutatis mutandis*, jedenfalls auf.

DIE NACHFOLGER DES «GROSSEN» CHARLES

GEORGES POMPIDOU Zunächst jedoch kam das Empfinden einer großen Leere, das de Gaulles Abgang von der Macht auslöste, der Rechten und damit deren Kandidaten für das Präsidentenamt, Premierminister Georges Pompidou, zugute, der mit 57,6 Prozent der Stimmen vor seinem ärgsten Konkurrenten, dem Zentristen Alain Poher, gewählt wurde. Pompidous Leistung lässt sich am besten als die eines Erbverwalters charakterisieren, auch wenn er einige unvermeidliche Änderungen wagte. Dazu gehörte beispielsweise das Referendum über eine Erweiterung der EWG unter anderem durch Großbritannien, dem die Franzosen am 23. April 1972 mit 68 Prozent zustimmten. Zu nennen wären in diesem Zusammenhang ferner seine nicht immer allzu glücklichen Versuche, das Erscheinungsbild Frankreichs und insbesondere das von Paris zu modernisieren. Denen verdankt sich beispielsweise der kunterbunte Kulturpalast im Herzen der Stadt, der heute seinen Namen trägt, ebenso wie der noch weit weniger geglückte Umbau der Gare Montparnasse, über der sich mit 210 Meter Höhe der erste Wolkenkratzer von Paris erhebt, der seit seiner Fertigstellung 1973 das Weichbild von Paris mit seiner schwärzlichen Baumasse verhunzt. Ein weiteres Opfer von Pompidous Modernisierungswahn waren die berühmten Markthallen von Paris, Baltards luftige Eisenkonstruktionen, die einfach mit der Spitzhacke abgetragen wurden. Was an deren Stelle später unter der Verantwortung des Pariser Bürgermeisters Jacques Chirac entstand, das *Forum des Halles* genannte verwinkelte riesige Konglomerat von Ladenzentrum, Hallenschwimmbad, unterirdischem Verkehrsknotenpunkt, Tiefgaragen und Straßentunnel, ist schlicht eine urbanistische und architektonische Katastrophe. Den endgültigen Todesstoß dem alten Paris zu versetzen, gelang Pompidou glücklicherweise nicht: Der Bau einer Schnellstraße entlang des gesamten linken Seineufers, die dreispurig auf einer auf die Seine ausladenden Betontrasse angelegt werden sollte und mit deren Bau 1974 begonnen wurde, unterblieb. Es waren aber keineswegs die massiven Proteste, die dagegen laut wurden und diese Schande vereitelten, sondern der tragische Tod Pompidous, der, an Leukämie erkrankt, am 2. April 1974 starb. Gott, so sagten damals selbst die Atheisten, hat Paris gerettet.

VALÉRY GISCARD D'ESTAING Bei den Präsidentschaftswahlen im Mai 1974 waren die aussichtsreichsten Bewerber zwei Kandidaten der Rechten, der Erz-Gaullist Jacques Chaban-Delmas, der im ersten Wahlgang dank der Umtriebe eines gewissen Jacques Chirac dem

48-jährigen Valéry Giscard d'Estaing unterlag, der sich zuvor schon deutlich von de Gaulle distanziert hatte. Gegen diese stand der Sozialist François Mitterrand, der im zweiten Wahlgang mit 424 000 Wählerstimmen bei einer Rekordwahlbeteiligung von 87,33 Prozent von Giscard denkbar knapp besiegt wurde. Eine der ersten Maßnahmen Giscards war es, die von Pompidou geplante Schnellstraße am linken Seineufer zu verwerfen. Einen markanten Bruch mit der bisherigen Tradition bedeutete es auch, dass er ein Wahlversprechen einlöste und sechs Frauen als Minister in das von Chirac geleitete Kabinett berief, darunter Françoise Giroud sowie Simone Veil, Autorin des wichtigsten Reformgesetzes der Ära Giscard, das nach einer erbitterten Debatte am 17. Januar 1975 gebilligt wurde: die Legalisierung der Abtreibung.

Es war die Tragik Giscard d'Estaings, dass er, der von allen Nachfolgern de Gaulles im Amt des Präsidenten mit Abstand der Fähigste war und der Frankreich von der Sklerose eines allmächtigen, die Wirtschaft kontrollierenden Staates befreien und durch die Einführung marktliberaler Grundsätze modernisieren wollte, damit scheiterte. Unmittelbare Ursache dafür war, dass das bis dahin andauernde französische Wirtschaftswunder durch den im Oktober 1973 verhängten Boykott der Organisation erdölexportierender Länder (OPEC) ein jähes Ende fand. Hinzu kam eine Inflation, die 1974 die 10-Prozent-Marke überstieg und die Giscard und Chirac zunächst mit deflationistischen Maßnahmen zu bekämpfen suchten, wodurch sich das Übel aber noch verschlimmerte: Mitte 1975 waren über eine Million Franzosen ohne Arbeit, bis dahin ein historischer Höchststand. Daran änderten auch massive staatliche Investitionen und Steuerreduzierungen nichts, die zwar günstig für die industriellen Interessen waren, aber weder an der Inflation noch der Arbeitslosigkeit etwas änderten.

Darin, und das ist die zweite Ursache für das Scheitern Giscards, witterte Chirac seine Chance, der als bislang erster Premierminister der V. Republik am 25. August 1976 aus freien Stücken von seinem

Amt zurücktrat. Von welchen Absichten Chirac sich dabei bestimmen ließ, das verriet die Gründung des von ihm geführten *Rassemblement pour la République* (RPF), ein Namenskürzel, das nicht von ungefähr an de Gaulles einstige RPR erinnern sollte. Der RPF war von Anfang an als Chiracs Wahlverein gedacht, der die Alt-Gaullisten gegen die liberalen Kräfte, die Giscard um sich zu scharen suchte, formieren sollte. Der erste, und wie sich zeigen sollte, sehr wichtige Erfolg, den Chirac mittels des RPF errang, war seine Wahl zum Bürgermeister von Paris, der ersten seit Abschaffung des Amtes durch Bonaparte 1800. Ironischerweise war es Giscard gewesen, der im Jahr zuvor ein entsprechendes Gesetz gegen den Widerstand von Chirac durchgesetzt hatte. Der Posten des Pariser Bürgermeisters, den Chirac bis zu seiner Wahl zum Präsidenten 1995 innehatte, verschaffte ihm eine beträchtliche Machtbasis, mit der die Spaltung der Rechten zementiert wurde.

Der Erfolg, den Chirac mit dem RPF erzielt hatte, zwang Giscard dazu, sich seinerseits im Hinblick auf die Wahlen zur Nationalversammlung im März 1978 einen eigenen Wahlverein zuzulegen. Das geschah zu Beginn des Jahres 1978 mit der Gründung der *Union pour la démocratie française* (UDF). Allein dank der erbitterten Streitereien zwischen Sozialisten und Kommunisten, die sich für den zweiten Wahlgang nicht auf den jeweils bestplatzierten Kandidaten einigen konnten, um ein Stimmensplitting zu vermeiden, gewannen Liberale und Gaullisten die Mehrheit in der Nationalversammlung. Dagegen erzielte Giscards UDF bei den ersten Wahlen zum Europäischen Parlament am 7. Juni 1979 mit 27 Prozent das beste Ergebnis, dicht gefolgt von Mitterrands Sozialisten mit 24 Prozent und den Kommunisten mit 21 Prozent, während Chiracs RPF sich mit 18 Prozent bescheiden musste.

Dieser Erfolg hatte für Giscard jedoch keine Dauer, denn die französische Wirtschaft musste die zweite Ölkrise verdauen, die durch die 1979 gefällte Entscheidung der OPEC-Staaten, die Preise drastisch zu erhöhen, ausgelöst worden war. Die Lage wurde durch den

Sturz des Schahs von Persien, dessen Land eines der wichtigsten Ölexporteure war, noch zusätzlich verschärft mit der Folge, dass die Inflation bei 10 Prozent verharrte und die Arbeitslosigkeit 1980 mit über 1,5 Millionen einen neuen Höchststand erreichte. Nicht genug dieser Schwierigkeiten wurde Giscards Reputation noch durch einen Skandal erheblich beschädigt, den die für gewöhnlich vorzüglich informierte satirische Wochenzeitung *Le Canard enchaîné* in ihrer Ausgabe vom 10. Oktober 1979 enthüllte: Giscard habe von dem ebenso bizarren wie blutrünstigen Diktator der Zentralafrikanischen Republik Jean-Bédel Bokassa, der sich 1977 in napoleonischer Manier zum Kaiser gekrönt hatte, als Dank für die guten Beziehungen – Giscard weilte 1975 auf Staatsbesuch bei Bokassa und sandte zu dessen Krönung einen Minister als Vertreter – teure Geschenke, u.a. Diamanten, erhalten. Das jedenfalls behauptete Bokassa, der sich damit dafür zu rächen suchte, dass sein «Freund» Giscard dem Putsch, der ihn im September vom Kaiserthron jagte, mit Wohlwollen zugesehen habe.

Es waren aber nicht die finsteren Geschichten des finsteren Bokassa, die Giscard politisch zum Verderben wurden, sondern die Spaltung der Rechten, die sein einstiger Premier und seitheriger Konkurrent Chirac repräsentierte, der bei den Präsidentschaftswahlen im Mai 1981 als Kandidat des RPF antrat, während Giscard gestützt auf die UDF eine zweite Amtszeit anstrebte. Der Kandidat der vereinigten Linken aus Sozialisten und Kommunisten war wieder Mitterrand, der einen «radikalen Bruch» mit dem Kapitalismus auf sein Banner geschrieben hatte. Nachdem Chirac im ersten Wahlgang aus dem Rennen geworfen worden war, gab er seinen Wählern öffentlich keine Empfehlung für den zweiten Wahlgang. Das leistete den entscheidenden Beitrag dazu, dass Mitterrand mit 51,75 Prozent der Stimmen als erster Sozialist zum Präsidenten der V. Republik gewählt wurde.

FRANÇOIS MITTERRAND Mitterrand war ein 64-jähriger ausgebuffter und von Ambivalenz umwitterter Berufspolitiker. Seine politische Karriere hatte er in den Diensten des Vichy-Regimes begonnen, das ihm dafür im Spätjahr 1943 mit der Verleihung des höchsten Ordens dankte, der *Francisque Gallique*. Zu diesem Zeitpunkt will sich Mitterrand aber längst unter dem Decknamen *Morland* der Résistance angeschlossen und nach London durchgeschlagen haben. Nach dem Krieg gehörte er vielen der rasch wechselnden Kabinette der IV. Republik elfmal als Minister an. Besonders bemerkenswert ist seine Tätigkeit als Justizminister 1956.

Mitterrand war damals entschieden dafür, dass Algerien französisch blieb. Dieses Engagement illustriert ein Ausnahmegesetz, das von ihm durchgesetzt wurde und das die zuständigen Behörden ermächtigte, ohne vorherige Untersuchung jeden vor ein Militärgericht zu stellen, der bei einem Anschlag auf Sachen oder Personen in flagranti ertappt wurde. Diese Taten wurden im Regelfall mit dem Tode des Verdächtigten geahndet. Allein in Anwendung dieses rechtsstaatlich unvertretbaren Gesetzes wurden in den 17 Monaten von Mitterrands Amtszeit als Justizminister 61 Personen hingerichtet.

Eine der größten Absurditäten, die sich Mitterrand leistete, die aber seinem Ruhm und Ruf nichts anhaben konnte, war das vermeintliche Attentat, das als *affaire de l'Observatoire* bekannt ist. In der Nacht vom 15. zum 16. Oktober 1959 soll, so Mitterrands Version des Geschehens, ein Attentäter das Feuer auf sein Auto eröffnet haben. Geistesgegenwärtig sei es ihm gelungen, den Wagen zu stoppen und sich durch einen beherzten Sprung über einen Zaun in Sicherheit zu bringen. Vier Tage lang beherrschte Mitterrand mit dieser heroischen Geschichte die Schlagzeilen, dann kam die Wahrheit ans Licht: Der vermeintliche Attentäter konnte anhand von Belegen zweifelsfrei beweisen, dass ihn das vermeintliche Opfer zu der Tat gedungen und deren Ausführung in allen Einzelheiten mit ihm abgesprochen hatte.

Diese und andere pikante Details seines politischen Vorlebens vergaß die breite Öffentlichkeit, weil sich Mitterrand als gereifter Staatsmann präsentierte und vor allem bewiesen hatte, dass er imstande war, die Kommunisten, mit denen die Sozialisten ein Wahlbündnis eingegangen waren, am Zügel zu führen. Außerdem, und das machte besonderen Eindruck auf die Wähler der Mitte, pflegte er sein Image als Literat, als ein Mann, der in der kulturellen Tradition Frankreichs verwurzelt war. Dies wie die suggestiven Bilder seiner Amtsübernahme am 21. Mai 1981, als er allein das Tor zum Pantheon durchschritt, um am Grab von Jean Jaurès, der Vatergestalt der französischen Sozialisten, von Jean Moulin, dem heroischen Widerstandskämpfer, und von Victor Schoelcher, der 1848 das Gesetz zur Aufhebung der Sklaverei durchgesetzt hatte, je eine rote Rose niederzulegen, prägten sich ein und sicherten Mitterrand eine Anerkennung, ja Verehrung, von der er lange zehren konnte. Sie bewirkten, dass die meisten seine Fehler wie vor allem die missbräuchliche Verwendung seiner schier schrankenlosen Machtfülle, mit der er es von allen Präsidenten bislang mit Abstand am schamlosesten trieb, nicht wahrnahmen oder auch nicht wahrnehmen wollten.

Sofort ausgeschriebene Neuwahlen für die Nationalversammlung, die im Juni 1981 stattfanden, bescherten der Linken eine komfortable Mehrheit von 283 von 491 Sitzen. Das erlaubte es ihr, die im Wahlprogramm versprochenen umfangreichen Nationalisierungen von Schlüsselindustrien, Banken und Versicherungen in die Tat umzusetzen. Ein stärkerer Kontrast zur liberalen Wirtschaftspolitik des Amtsvorgängers Giscard ließ sich nicht denken. Umso größer war deshalb auch das Entsetzen in Wirtschaftskreisen, das an Hysterie grenzte, kaum dass wenig später noch eine Vermögenssteuer in Höhe von 3 Prozent eingeführt wurde, die für Vermögen über 3 Millionen Francs jährlich bezahlt werden musste.

Einhellig begrüßt hingegen wurde die Abschaffung der Todesstrafe, die Justizminister Robert Badinter im September durchsetzte, während die Aufhebung der von Giscard erheblich entschärften Gesetze zur Begrenzung des Zustroms von Arbeitsimmigranten aus den ehemaligen Kolonien, wodurch insbesondere die Familienzusammenführung wesentlich erleichtert worden war, keineswegs ungeteilten Beifall finden sollte. Auf große Resonanz stieß hingegen die Verlängerung des bezahlten Jahresurlaubs von vier auf fünf Wochen sowie die Reduzierung der wöchentlichen Arbeitszeit von 40 auf 39 Stunden bei gleichem Lohn, die beide im Januar 1982 gesetzlich verankert wurden. Ein umfangreiches Dezentralisierungsgesetz, das den 20 Regionen des Landes wie den größeren Städten einen Katalog von Selbstverwaltungsrechten zugestand, dessen Verpackung jedoch weit mehr versprach, als der Inhalt einlösen konnte, bildete im März 1982 den Schlusspunkt jener anfänglichen Reformeuphorie der Ära Mitterrand.

Der Mix aus umfangreichen Verstaatlichungen, die allein den Staatshaushalt in den nächsten Jahren mit rund 40 Milliarden Francs belasteten, und substantiellen Zugeständnissen an die Lohnabhängigen war jedoch kein Rezept gegen die vorherrschende wirtschaftliche Malaise. Die wurde noch dadurch verschärft, dass kaum Kapitalinvestitionen in Frankreich getätigt wurden. Neben der Wirtschaftspolitik wurden Investoren vor allem von der hohen Inflationsrate von 9,7 Prozent und dem Außenhandelsdefizit abgeschreckt, das sich 1981–1982 verdreifachte. Das verwies nach französischer Tradition auf den bequemen Ausweg der Währungsmanipulation. Anfang Oktober 1981 sah sich Finanzminister Jacques Delors zudem genötigt, den Franc abzuwerten. Das zeigte jedoch keine Wirkung, zumal die Zahl der Arbeitslosen im November auf über 2 Millionen anstieg, was Delors Ende des Monats zu dem Eingeständnis zwang, dass für weitere Reformen kein Spielraum mehr vorhanden sei. Das war noch sehr optimistisch ausgedrückt, denn im Juni 1982 musste Delors den Franc erneut abwerten. Außerdem verhängte er einen Preis- und Lohnstopp.

Das alles war wie Mehltau, der sich auf die Euphorie legte, mit der Mitterrands Wahl weit über das Lager der Linken hinaus begrüßt worden war. Wie sehr das Regime an Popularität verloren hatte, zeigten die Kommunalwahlen im März 1983, die von den Konservativen mit 53 Prozent gewonnen wurden und bei denen die Linke die Mehrheit in 31 Städten mit mehr als 30 000 Einwohnern einbüßte. Am 21. März wurde der Franc ein drittes Mal abgewertet. Zwei Tage später veröffentlichte Delors einen drastischen Sparplan, der unter anderem einen einmaligen Aufschlag von 10 Prozent auf die für 1983 zu entrichtende Einkommenssteuer, höhere Mineralölsteuern und eine Anhebung der Preise im öffentlichen Verkehr sowie eine Reduzierung der Zuschüsse für die nationalisierten Unternehmen vorsah, die deshalb in den nächsten Jahren viele Beschäftigte entlassen mussten. Als besonders herb aber wurde empfunden, dass Franzosen auf Auslandsreisen nicht mehr als 5000 Francs in bar mitnehmen durften und ihnen die Kreditkarten gesperrt wurden.

Mitterrand, der wie vor ihm nur de Gaulle sich darauf verlegt hatte, als Präsident dem politischen Tagesgeschäft entrückt zu erscheinen, dieses seinen Regierungen überließ, die er, wenn sie die Fortüne verließ, einfach auswechselte, konnte deswegen sein positives Image erstaunlich lange behaupten. Den Beweis dafür liefert die Affäre um die Versenkung des von der Umweltorganisation *Greenpeace* gecharterten Segelschiffs *Rainbow Warrior* durch zwei französische Geheimagenten im neuseeländischen Auckland. Mit dem Schiff hatte *Greenpeace* gegen die von Mitterrand fortgesetzten Atombombenversuche auf dem Mururoa-Atoll protestiert, was in Paris als unerträgliche Beeinträchtigung der heiligen französischen Souveränität und *grandeur* erlebt wurde. Dieses Vergehen mit allen Mitteln zu ahnden, war umso zwingender geboten, als das Schiff Einheiten der französischen Marine, die es abzudrängen suchten, erfolgreich zum Narren gehalten und damit an deren aus vielen guten historischen Gründen besonders empfindliche Ehre gerührt hatte. Deshalb also die Weisung, das Schiff zu versenken, was am 10. Juli 1985 ins Werk gesetzt wurde. Dummerweise nur befand sich ein Photograph an Bord, der dabei ums Leben kam. Aus Sachbeschädigung wurde damit

Mord, was für Frankreich umso peinlicher wurde, als die beiden famosen Agenten der neuseeländischen Polizei zwei Tage später ins Netz gingen.

Frankreich drohte Neuseeland daraufhin mit einem Wirtschaftsboykott, sollten die beiden Agenten unter Mordanklage vor Gericht gestellt werden. Neuseeland beugte sich schließlich dieser Erpressung unter der Bedingung, dass die zwei, die zuvor zu zehn Jahren Haft verurteilt worden waren, ihre Strafe auf Mururoa absitzen mussten; Frankreich hielt sich natürlich nicht an diese Forderungen, sondern flog die beiden ins Mutterland aus, wo sie alsbald in die Freiheit entlassen wurden. Das war aber erst der Anfang der Affäre, denn am 22. September 1985 trat der damalige Premierminister Laurent Fabius mit dem Eingeständnis vor die Öffentlichkeit, dass, was bislang offiziell stets geleugnet worden war, der Anschlag von französischen Agenten verübt worden sei, die auf einen entsprechenden Befehl hin gehandelt hätten. Die Verantwortung dafür nahm Verteidigungsminister Charles Hernu auf sich, der seinen Rücktritt erklärte, was Fabius wie Mitterrand erlaubte, jede Kenntnis dieses Befehls abzustreiten. Das stimmte zwar für Fabius, aber nicht für Mitterrand, denn die Anweisung für den Anschlag kam aus dem Elysée. Dieser Umstand wurde jedoch von dem damals in der französischen Öffentlichkeit mächtig aufschäumenden Patriotismus verdeckt, der die Tat der Agenten im nationalen Interesse rechtfertigte, während Fabius beschimpft wurde, er habe durch sein Verhalten bewiesen, solcher Empfindungen unfähig zu sein. Mitterrand, der Haupt- und Letztverantwortliche, der unablässig das Mantra wiederholte, nichts und niemand könne Frankreich an der Fortsetzung seiner Atombombenversuche hindern, stand hingegen als patriotische Lichtgestalt da.

Der Ausgang ist symptomatisch für eine Fülle weiterer Affären wie illegale Abhörpraktiken und andere krumme Dinger mehr, die ein im Elysée installiertes *Cabinet noir* im Auftrag oder mit Wissen und Billigung des Hausherrn ausführte. Hier hinzu gehört auch der

Dauerskandal, den die politisch-wirtschaftlichen Sonderbeziehungen zu *Françafrique* in der Ära Mitterrand darstellten, in die der Präsidentensohn Jean-Christophe Mitterrand, ein rechter Tunichtgut, als offizieller Berater in Afrika-Fragen im Elysée beschäftigt, notorisch verwickelt war. Einer, der über diese Affären und extralegalen Praktiken sehr gut Bescheid wusste, Mitterrands *éminence grise* und langjähriger enger Vertrauter, François de Grossouvre, erschoss sich am 7. April 1994 in seinem Dienstzimmer im Elysée. Aber alle diese Vorgänge und Ungereimtheiten konnten das Ansehen, das Mitterrand genoss, nicht beschädigen.

Das blieb auch von der sogenannten *Cohabitation* unberührt, zu der Mitterrand nach den Wahlen zur Nationalversammlung von 1986 gezwungen wurde, bei denen die Rechte eine klare Mehrheit erzielte und die folglich auch die Regierung stellte, mit deren Führung als Premierminister Jacques Chirac bestellt wurde. Diesen angesichts der Stimmung im Lande vorhersehbaren Verlust der linken Mehrheit im Parlament hatte Mitterrand zuvor durch ein riskantes Manöver zu vermeiden gesucht, für das er einen hohen Preis zahlen musste. Aber dennoch gelang es ihm nicht, das angestrebte Ziel zu erreichen. Gegen den Rat von Premierminister Michel Rocard, der deshalb zurücktrat, hatte Mitterrand das Verhältniswahlrecht in der Erwartung durchgesetzt, die Sozialisten würden davon profitieren. Darin wurde er jedoch enttäuscht, auch wenn es gelang, die Verluste der Sozialisten zumindest in Grenzen zu halten. Ein anderer Effekt der Wahlrechtsänderung war jedoch, dass der rechtsradikale Front national (FN), der bislang ein politisches Schattendasein geführt hatte, auf Anhieb 35 Sitze eroberte. Damit verfügte die extreme Rechte in der Nationalversammlung über die gleiche Anzahl von Sitzen wie die Kommunisten. Aber selbst diesen Ausgang konnte Mitterrand noch zynisch als Erfolg verbuchen, insofern der Stimmenzuwachs der FN die gemäßigte, die gaullistische Rechte auf Dauer schwächen musste.

Chirac suchte die Regierungsverantwortung, die ihm zugefallen war, zu nutzen, um seine Chancen bei den für 1988 anstehenden

Präsidentschaftswahlen zu erhöhen. Die beste Gewähr dafür war eine erfolgreiche Wirtschaftspolitik. Dazu bot sich die Reprivatisierung der von den Sozialisten verstaatlichten Unternehmen und Banken an, bei der aber so verfahren wurde, dass der Staat jeweils wenigstens eine Sperrminorität an Aktien behielt. Das sollte verhindern, dass ausländisches Kapital in französischen Schlüsselunternehmen das alleinige Sagen bekäme. Wegen der begrenzten Aufnahmefähigkeit des Aktienmarkts gingen die Privatisierungen relativ langsam vonstatten, ehe sie durch den Börsenkrach vom Oktober 1987 fürs Erste völlig zum Erliegen kamen. Der jähe Kurssturz zog aber auch und gerade die in Mitleidenschaft, die in Erwartung rascher Profite Aktien der privatisierten Unternehmen gekauft hatten und die sich nun darin eklatant getäuscht sahen. Die verlorenen Illusionen der Spekulanten und die schlechte Stimmung, die deshalb der Regierung entgegenschlug, obwohl sie am Kursverfall unschuldig war, trugen dazu bei, dass Chirac in den Präsidentschaftswahlen Mitterrand unterlag.

Im Sog des Erfolgs, den Mitterrand bei den Präsidentschaftswahlen erzielte, deren zweiten Wahlgang er am 8. Mai 1988 mit rund 54 Prozent für sich entschied, gewannen die Sozialisten auch die Neuwahlen zur Nationalversammlung. Der Ausgang beider Wahlen war nicht überraschend. Das galt auch dafür, dass damit eine Stagnation der Innenpolitik eingeleitet wurde, die lediglich durch eine Reihe von Streiks, Kontroversen, das Aufbrechen neuer und alter Skandale sowie einen dreimaligen Regierungswechsel den Anschein erweckte, in dauernder Bewegung zu sein. Dafür fanden in Europa umso größere und überraschende Veränderungen statt, auf die angemessen zu reagieren Mitterrand erstaunliche Verlegenheiten zeigte. Das galt zumal für die deutsche Wiedervereinigung nach dem jähen Fall der Mauer am 9. November 1989, die allen gegenteiligen Beteuerungen zum Trotz den traditionellen außenpolitischen Gewissheiten Frankreichs zuwiderlaufen musste. Das gab Mitterrand in einer Rede vor dem Europaparlament in Straßburg am 12. November unmissverständlich zu erkennen, als er zwar den Völkerfrühling in Osteuropa begrüßte, in diesem Zusammenhang aber lediglich Polen und Ungarn erwähnte und nicht das in diesem Kontext emblematische Ereignis schlechthin, den Fall der Berliner Mauer drei Tage zuvor! Dass das kein Zufall, sondern Kalkül war, machte Außenminister Roland Dumas am 15. November in der Nationalversammlung deutlich, als er im Widerspruch zu jeglicher Evidenz erklärte, die deutsche Wiedervereinigung stünde nicht zur Debatte.

Die schlichte Leugnung einer Entwicklung, die vor den Augen der Weltöffentlichkeit vor sich ging, ist jedoch keine Politik, weshalb jetzt die Parole ausgegeben wurde, Fortschritte in der deutschen Frage hingen von der Entwicklung der europäischen Einigung ab, wie Außenminister Dumas am 7. Dezember erklärte. Die Feststellung präzisierte Mitterrand zwei Tage später dahingehend, dass diese Vorrang vor der deutschen Wiedervereinigung habe. Beide Aussagen, und das ist wichtig zu bedenken, wurden getan, nachdem Mitterrand am 6. Dezember 1989 in Kiew mit dem sowjetischen Staats- und Parteichef Michael Gorbatschow zusammengetroffen war, ein Besuch, über den bis heute keine Details bekannt geworden sind. Aber es sollte noch besser kommen, denn am 20. Dezember reiste Mitterrand zu einem Staatsbesuch der DDR nach Ost-Berlin. Der «Arbeiter- und Bauernstaat» befand sich, wie erinnerlich, bereits in völliger Auflösung, und Bundeskanzler Helmut Kohl, der Mitterrand zuvorgekommen und bereits am 19. Dezember in Dresden eingetroffen war, wurde dort mit stürmischem Jubel begrüßt. In dieser Situation versicherte Mitterrand seinen Ost-Berliner Gastgebern, sie könnten auf «die Solidarität Frankreichs für die Deutsche Demokratische Republik zählen».

Im deutsch-französischen Verhältnis hat die ambivalente Haltung, die Mitterrand zeitweilig gegenüber der Wiedervereinigung einnahm, keinerlei Spuren hinterlassen. Die Erinnerung in der deutschen Öffentlichkeit dürfte vor allem von dem Bild beherrscht sein, das ihn und Kanzler Kohl Hand in Hand auf dem Schlachtfeld von

Verdun zeigt. Wie de Gaulle verstand sich auch Mitterrand auf die Wirkung symbolischer Gesten. Überhaupt ragt er unter allen Nachfolgern des Generals als derjenige Präsident hervor, der dieses Amt am authentischsten ausfüllte. Wie de Gaulle verstand er es, dessen Aura mit dem ihm eigenen Charisma zu amalgamieren und so beide in ihrer Wirkung zu steigern. Ebenso wie de Gaulle handhabe er die Machtfülle, die dem französischen Präsidenten nicht nur durch die Verfassung gegeben ist, sondern die auch durch Respekt, wenn nicht gar Unterwürfigkeit gegenüber dem Amtsinhaber noch erheblich vergrößert wird, mit jenem lässigen Brio, das den geborenen Machtmenschen oder Monarchen kennzeichnet. Seine Mitarbeiter nannten ihn mit ehrfürchtigem Spott deshalb sogar *Dieu*, «Gott».

Aber auch von diesen Äußerlichkeiten einmal abgesehen, mutet ausgerechnet der Sozialist Mitterrand unter allen Nachfolgern de Gaulles als der «gaullistischste» an. Das gilt namentlich für die Außenpolitik, für die de Gaulle im Wesentlichen zwei Grundsätze formuliert hatte: innerhalb der Bündnissysteme und Verträge, in die Frankreich eingebunden war, dessen größtmögliche Handlungsautonomie zu wahren. Zum Weiteren immer darauf bedacht zu sein, die Führungsrolle Frankreichs im Prozess der europäischen Einigung im Tandem mit Deutschland zu stärken. Dazu hatte sich de Gaulle resigniert, weil er einsehen musste, dass sich ohne den Rückhalt eines geeinten Europa die französische Handlungsautonomie gegenüber den USA auf Dauer nicht behaupten ließe. Mitterrand setzte die gaullistische Politik gegenüber den USA fort, um den europäischen Einigungsprozess auf solidere Grundlagen zu stellen. Nicht zuletzt der Erfolg des Euro, für dessen Einführung Mitterrand sich besonders engagiert hatte, bestätigt die prinzipielle Richtigkeit dieser Politik.

Wie de Gaulle mit dem Mai 68 erlebte auch Mitterrand eine «Götterdämmerung». In seinem Fall war dies jedoch ein Aufstand, der republikanisch-gesittet an den Wahlurnen ablief. Die Wahlen zur Nationalversammlung Ende März 1993 fielen, wie erwartet, für die

Sozialisten katastrophal aus: Sie erhielten lediglich 67 Sitze, während die RPR 242 und die UDF 207 Mandate eroberten. Der Ruin der Sozialisten, der Linken – die Kommunisten errangen 24 Mandate –, war auch ein Vermächtnis Mitterrands, von dem sie sich seither nicht mehr erholt haben. Im September 1993 wurde Mitterrand überdies von seiner Vergangenheit eingeholt, als der Journalist Pierre Péan in einem Buch dessen Vichy-Vergangenheit aufdeckte. Das Buch enthielt zwar kaum neue Fakten, auch hatte Mitterrand den Fragen Péans Rede und Antwort gestanden, aber dann machte er alles mit einem Fernsehauftritt noch schlimmer, in dem er bestritt, etwas von den antijüdischen Gesetzen Vichys gewusst zu haben. Konsequenterweise verweigerte er sich deshalb auch einer Entschuldigung dafür im Namen Frankreichs.

Aber selbst das überstand er, ohne bleibenden Schaden an seinem Image zu nehmen, denn die Sympathien, die er sich damit verscherzte, gewann er zurück, als er sein fortschreitendes Krebsleiden mit Würde und Stoizismus trug, er öffentlich Zeugnis gab von einer *ars moriendi*, die auch seinen Gegnern Respekt abnötigte. Nach seinem Tod am 8. Januar 1996 wurde eines seiner gut gehüteten Geheimnisse preisgegeben: Seine langjährige Freundin Anne Pingeot wohnte mit ihrer gemeinsamen Tochter Mazarine an der Seite seiner Frau Danielle dem Begräbnis im engsten Familienkreis in Mitterrands Geburtsort Jarnac unweit des berühmteren Cognac bei. Andere Geheimnisse hingegen nahm er mit sich ins Grab.

Das vorteilhafte Image, das Mitterrand von sich zu verbreiten verstand, zumal sein Nachfolger, Jacques Chirac, damit nicht konkurrieren konnte, hat es über seinen Tod hinaus lange Zeit vereitelt, dass das ganze Ausmaß der Katastrophe wahrgenommen wurde, die seine überlange Herrschaft von 14 Jahren für Frankreich bedeutete. Erst 2005 wagte es der einstige Staatsminister Michel Rocard, an dieses Tabu zu rühren, als er in dem Buch *Si la gauche savait* wenigstens die Bilanz der absurden Wirtschaftspolitik zog, die das erste Septennat Mitterrands kennzeichnete: «Drei Abwertungen, Milliarden von

Francs verschwendet für unnötige Vergesellschaftungen von Unternehmen, von denen nichts übrig blieb, die aber der schönen Geste wegen dreimal so teuer bezahlt wurden, als nötig gewesen wäre!»

JACQUES CHIRAC Die Präsidentschaftswahlen Anfang Mai 1995 gewann erwartungsgemäß der Pariser Bürgermeister und Chef des RPR Jacques Chirac mit dem allerdings nicht berauschenden Ergebnis von rund 53 Prozent vor seinem sozialistischen Konkurrenten Lionel Jospin. Im ersten Wahlgang Ende April zeichnete sich aber bereits eine Entwicklung ab, die sieben Jahre später in eine böse Überraschung einmünden sollte: Auf der Linken wie der Rechten stimmten viele Protestwähler für aussichtslose Kandidaten wie die Trotzkistin Arlette Laguiller, die 5,3 Prozent erzielte, während auf der extremen Rechten Jean-Marie Le Pen, der Führer des FN, sogar rund 15 Prozent der Stimmen auf sich vereinigen konnte.

Kaum im Amt suchte Chirac in gaullistischer Manier Stärke zu markieren, als er die Wiederaufnahme französischer Atombombenversuche im Pazifik ankündigte, die von Mitterrand ausgesetzt worden waren. Im Mai 1994 hatte er sogar den Vorschlag gemacht, dass dieses Moratorium auch für seine Nachfolger bindend sei. Chiracs falsche Entschlossenheit brachte Frankreich weltweit in erheblichen Misskredit, sodass er nach nur sechs Atombombentests Ende Januar 1996 deren definitive Einstellung ankündigen musste. Das wäre eine leicht vermeidbare Demütigung der *grandeur* gewesen, die für Chiracs politisches Ansehen aber umso schlimmer war, als sie unmittelbar auf eine schwere innenpolitische Niederlage folgte.

Die Regierung von Alain Juppé hatte unmittelbar nach der Sommerpause ein umfassendes Programm zur Reform des Sozialversicherungssystems vorgelegt, das Chirac Ende Oktober mit dem Eingeständnis wieder kassieren musste, dass es nicht zu finanzieren sei. Daraufhin arbeitete Juppé einen neuen Plan aus, der vorsah, die geplante Reform vor allem durch Einsparungen bei Rentnern und Arbeitslosen zu finanzieren. Damit nicht genug, schlug er auch noch

Kürzungen der staatlichen Zuschüsse im Gesundheitswesen vor. Gleichzeitig kündigte er an, die großzügigen Pensionierungsregelungen bei der staatlichen Eisenbahngesellschaft SNCF abschaffen zu wollen. Dieses umfassende wirtschaftsliberale Reformkonzept setzte Juppé dem Verdacht aus, er wolle damit nur die Privatisierung der SNCF, der Strom- und Gasversorger EDF-GDF sowie der Telekommunikation, wenn nicht gar der Krankenhäuser vorbereiten. Die Reaktion auf diese *grande peur* war eine riesige Streikbewegung, die in ganz Frankreich das Geschäftsleben wenige Wochen vor Weihnachten zum Stillstand brachte. Das zwang die Regierung Juppé dazu, die gesamte ehrgeizige Reform zurückzunehmen, was für sie eine schwere Schlappe bedeutete, von der sie sich nicht mehr erholen sollte.

Das gelang ihr umso weniger, als die Regierungspartei RPR durch einen Skandal in Misskredit geriet: Eine Reihe ihrer Mitarbeiter, so kam jetzt ans Licht, war jahrelang für die Ausübung rein fiktiver Tätigkeiten für die von Chirac geleitete Pariser Stadtverwaltung aus Steuermitteln besoldet worden! Damit nicht genug, sorgte Innenminister Jean-Louis Debré mit einem Gesetzentwurf zur Begrenzung der Einwanderung für helle Empörung in Teilen der Öffentlichkeit. U. a. sollte es Vermietern und Nachbarn zur Pflicht gemacht werden, Immigranten der Polizei zu melden! Das erinnerte, worauf nicht nur empörte Intellektuelle hinwiesen, an die Methoden des Vichy-Regimes. Diese Empörung erzwang zwar einige Änderungen, aber das Gesetz wurde dennoch am 26. März 1997 verabschiedet. Auch in der Wirtschaftspolitik agierte Juppé glücklos, als er bei der Fortsetzung der Privatisierungspolitik der von Mitterrand verstaatlichten Unternehmen eine Reihe von Fehlern machte, die zur Folge hatten, dass dieser Prozess vorerst zum Stillstand kam. Dennoch gilt Juppé, der später auch wegen seiner Verantwortung für die illegale Finanzierung des RPR verurteilt wurde, obwohl der damalige RPR-Chef Chirac der Hauptschuldige gewesen sein dürfte, der aber als Staatspräsident Immunität genoss, als einer der fähigsten Politiker des Landes.

Ob er noch einmal die Gelegenheit bekommt, diesen Ruf zu beweisen, ist allein davon abhängig, welchen Erfolg der derzeitige Staatspräsident Nicolas Sarkozy mit dem von ihm angekündigten, Juppés Absichten nicht unähnlichem Reformkurs hat.

Das Ende der Regierung Juppé kam, weil sich Chirac von seinem Vertrauten, dem damaligen Generalsekretär des Elysée, Dominique de Villepin, den absurden Gedanken einreden ließ, Ende Mai 1997 vorzeitig Neuwahlen für die Nationalversammlung auszuschreiben. Was deren Ausgang entschied, war vor allem die Furcht einer Mehrheit der Franzosen, ein Sieg des RPR würde Chirac ermutigen, das an den Streiks gescheiterte wirtschaftsliberale Programm Juppés mit neuem Elan wiederaufzunehmen. Diese Angst verschaffte der Linken, Sozialisten, Kommunisten und Grünen den Sieg, die zusammen 320 Abgeordnete erhielten und so die für eine Regierung erforderliche Mehrheit von 288 Sitzen weit übertrafen. Damit wurde zum zweiten Mal in der Geschichte der V. Republik eine *Cohabitations*-Regierung installiert, die von dem redlichen Sozialisten Lionel Jospin geführt wurde.

Der Ökonomieprofessor Jospin machte im Tandem mit dem «Superminister» Dominique Strauss-Kahn, der für Wirtschaft, Finanzen und Industriepolitik zuständig war, seine Sache alles in allem gut. Ihm gelang es, die gaullistische Tradition starker staatlicher Kontrolle der Wirtschaft, ein Glaubensartikel, auf den nach wie vor viele Franzosen schwören, mit der unter dem wachsenden Druck der Globalisierung zunehmenden Notwendigkeit nach Marktöffnung, Liberalisierung und Privatisierung zu verbinden. Ironischerweise war es der Sozialist Jospin, der ohne viel Aufhebens den Löwenanteil an Privatisierungen realisierte. Die dabei erlösten Einnahmen – allein die Teilprivatisierung von France Telecom erbrachte 42 Milliarden Francs – kamen dem Haushalt zugute, der nicht zuletzt auch davon profitierte, dass die französische Konjunktur wieder ansprang und die Arbeitslosenzahlen sich erheblich verringerten. Diese im Ganzen sehr vorteilhafte Situation verführte jedoch zu einer Entscheidung,

«Die Mehrheit sind Sie» –
Französisches Wahlplakat aus den
50er-Jahren

die sich als nachteilig erweisen musste: Gegen den erbitterten Widerstand der Arbeitgeber wurde Mitte Dezember 1999 die 35-Stunden-Woche ab dem Jahr 2000 gesetzlich verankert.

Dank seiner erfolgreichen Politik konnte sich Jospin gute Chancen für die im Mai 2002 anstehenden Präsidentschaftswahlen ausrechnen, bei denen er als Kandidat der Sozialisten gegen Chirac antreten würde. Allein, es kam ganz anders, denn die Franzosen ließen im ersten Wahlgang am 21. April ihrer Lust, für aussichtslose Randfiguren des politischen Spektrums zu stimmen, hemmungsloser denn je die Zügel schießen. Das hatte zur Folge, dass eine Reihe von linksextremen Sektierern, Clowns oder politischen Wirrköpfen so viele Stimmen einsammelten, dass Jospin mit 16,18 Prozent nur auf dem dritten Platz landete und damit aus dem Rennen im zweiten Wahlgang ausschied! Die böse Überraschung aber war, dass ausgerechnet der rechtsextreme Jean-Marie Le Pen mit 16,86 Prozent im Stichentscheid am 5. Mai gegen Amtsinhaber Chirac antreten würde, für den nur magere 19,88 Prozent der Wähler votiert hatten! Ange-

sichts dieser absurden Konkurrenz stand der Ausgang der Präsidentschaftswahl von vornehrein fest, die Chirac mit einer bislang nur
aus «Volksdemokratien» geläufigen Mehrheit von 82,1 Prozent zu
17,9 Prozent, die für Le Pen stimmten, für sich entscheiden konnte.

Aus diesem überwältigenden Wahlergebnis zog Chirac wie vor
ihm schon Mitterrand nach seiner Wiederwahl 1988 den falschen
und fatalen Schluss, es möglichst allen recht machen zu wollen. Das
bedeutete vor allem, Störungen des allgemeinen Wohlbefindens zu
vermeiden und von großen Reformen, dem notwendigen Umbau
von Staat und Gesellschaft, die Finger zu lassen. Die Ernennung
von Jean-Pierre Raffarin, eine Gestalt, die jeder sich gerne als Onkel
wünschte, zum Premierminister war dafür das angemessene Signal:
Die Franzosen konnten sich in der Zuversicht wiegen, in der besten
aller Welten zu leben. Diese geschäftige Untätigkeit, mit der sich läs-
tiger Ärger mit stets ungewissem Ausgang trefflich vermeiden ließ,
fiel auch deshalb nicht weiter auf, weil Chirac das Glück hold war,
außenpolitisch die *grandeur* und Unabhängigkeit Frankreichs unter
Beweis stellen zu können. Dieses Glück, auf das Mitterrand zu seiner
Zeit aus den nämlichen Gründen vergebens gehofft hatte, war ein
Krieg, der zweite Irak-Krieg, der Chirac die willkommene Chance zuspielte, auf weltpolitischer Bühne *bella figura* zu machen. Durch Außenminister Dominique de Villepin ließ Chirac am 14. Februar 2003
im Sicherheitsrat der Vereinten Nationen das Veto Frankreichs für
den Fall androhen, dass dieses Gremium den USA das Mandat für einen Krieg gegen Saddam Hussein votiere!

Die Ablehnung dieses Kriegszugs ließ sich mit guten Gründen
rechtfertigen und hat sich auch längst als richtig erwiesen. Denkbar
falsch jedoch war die Form wie die Wahl der Worte, für die sich de
Villepin entschied, der seine Intervention mit den Worten begann:
«Die schwere Verantwortung und die unermessliche Ehre, die wir
haben, bestimmen uns dazu, der Abrüstung mit friedlichen Mitteln
den Vorzug zu geben.» Das war gaullistisches Schmierentheater, das
in Frankreich mit stehenden Ovationen begrüßt wurde, ein Erfolg,

für den man ausgerechnet die Nation tief verstimmte, die das Land zweimal vor dem sicheren Verderben gerettet hatte.

Die anhaltende reformpolitische Untätigkeit während Chiracs zweiter Präsidentschaft, deren Dauer von ihm aber auf fünf Jahre reduziert wurde – damit, dass man die fünfjährige Wahlperiode der Nationalversammlung mit der des Präsidenten synchronisierte, sollte eine künftige *Cohabitation* vermieden werden –, wurde von ihm mit der verblüffenden Einsicht gerechtfertigt, dass der Liberalismus so gefährlich sei wie der Kommunismus. Das war entlarvend, denn es verriet, dass Chirac die eigene Untätigkeit zur politischen Tugend verklären wollte. Das musste schiefgehen, wie die Ergebnisse der Regionalwahlen vom 24. März 2004 zeigten, bei denen mit Ausnahme des Elsass alle Regionen von den Sozialisten erobert wurden einschließlich solcher Hochburgen wie der Poitou-Charentes, wo der bisherige Präsident der Region, Rafferin, von einer Sozialistin namens Ségolène Royal abgelöst wurde.

Die Reaktion Chiracs auf diese Niederlage war für ihn sehr charakteristisch: Statt Raffarin als Premierminister zu ersetzen, nötigte er Nicolas Sarkozy, der sich längst als sein Konkurrent und potentieller Nachfolger profilierte, dazu, die Leitung des Innen- gegen die des für sein Temperament weit weniger glamourösen Finanzministeriums zu tauschen. Der zunächst widerstrebende Sarkozy beugte sich diesem Wunsch schließlich, weil er längst entschlossen war, die Führung der UMP, der *Union pour une majorité présidentielle* oder, wie Spötter dieses Kürzel auflösen, der *Union de la Mafia des patrons*, an sich zu reißen. Diesen Wahlverein hatte Chirac erst vor der Präsidentschaftswahl 2002 gegründet, um die gemäßigten konservativen Kräfte, die sich nicht als «Neo-Gaullisten» verstanden, für seine Wiederwahl als Staatspräsident zu formieren. Mit der Unterstützung dieses Apparats hoffte Sarkozy seinerseits, die Präsidentschaftswahlen 2007 zu gewinnen.

Das jedoch war eine Perspektive, die Chirac zu torpedieren suchte, der sich seines einstigen politischen Ziehsohns Sarkozy entfremdet hatte, weil er diesem nicht verzeihen konnte, dass er vor seiner Wahl zum Präsidenten 1995 ins Lager des innerparteilichen Konkurrenten Edouard Balladur übergewechselt war. Vor allem diese Gegnerschaft war die Signatur der letzten beiden Jahre der Präsidentschaft Chiracs, der sich nach einem zweiten Abstimmungsdebakel politisch nicht mehr erholen konnte. Am 29. Mai 2005 lehnten in einem von Chirac denkbar unzulänglich vorbereiteten Referendum 54,68 Prozent der Wähler den Entwurf für eine Europäische Verfassung ab, den der vormalige Staatspräsident Giscard d'Estaing geschrieben hatte. Frankreich, das mit Deutschland wichtigste Land, um den Prozess der europäischen Einigung voranzutreiben, verweigerte sich damit spektakulär seiner historischen Mission. Im gaullistischen Verständnis der V. Republik hätte dieses Votum für Chirac der Anlass sein müssen, von der Präsidentschaft zurückzutreten. Das tat er nicht, sondern beschied sich damit, den falschen Helden des 14. Februar 2003, Dominique de Villepin, zum Premierminister zu ernennen. Der tiefere Sinn dieses Schachzugs erschöpfte sich im Wesentlichen darin, einerseits Sarkozy, dem dieser Auftrag verweigert wurde, zu demütigen und andererseits gegen ihn einen Konkurrenten für die Präsidentschaftswahlen im Mai 2007 aus dem eigenen Lager aufzubauen.

Damit wurde eine Schlammschlacht eingeleitet, bei der alle schmutzigen Tricks bis hin zu gefälschten Belegen, die Sarkozy den Besitz geheimer Auslandskonten unterstellten, angewendet wurden. Chirac sah all dem mit Wohlgefallen zu und ließ sich allenfalls mit der perfiden Bemerkung vernehmen: «Villepin wird kein guter Kandidat für den ersten Wahlgang sein, aber ein umso besserer für den zweiten. Sarkozy ist ein vorzüglicher Kandidat für den ersten, aber ein höchst mittelmäßiger für den zweiten». Das Wort charakterisiert den Mann.

Chirac, der im Laufe seiner langen Politikerkarriere viele Konkurrenten und Gegenspieler auszuschalten vermocht hatte, gelang es jedoch nicht, Sarkozy aus dem Rennen um seine Nachfolge zu

werfen. Der triumphierte nicht zuletzt deshalb bei den Präsidentschaftswahlen im Mai 2007, weil Dominique de Villepin ihm keine
Konkurrenz im eigenen Lager mehr machen konnte. Sarkozy versprach den Franzosen im Falle seiner Wahl die *rupture*, das jähe Ende
aller möglichen lieben Gewohnheiten und Bequemlichkeiten, die
große Französische Reform. Die ist seit Mitterrands zweiter Amtszeit
überfällig.

NICOLAS SARKOZY Sarkozy wird vor allem daran gemessen werden,
ob er das wagt und damit gewinnt, was sein Vorgänger Chirac in
zwölf Amtsjahren sträflich versäumt hat, obwohl ihm zwei Wahlen
die notwendige Legitimation dafür verschafft hatten: die Franzosen
in eine große Debatte darüber zu verwickeln, was zu tun ist, um die
manifesten Vorteile des französischen Sozialstaats mit den Herausforderungen der Globalisierung zu vereinbaren. Bislang hat Sarkozy
seine Landsleute aber vor allem nur mit seinem bewegten Privatleben verblüfft, das seine Ankündigungen ebenso zahlreicher wie tief-
greifender Reformen in ihrer Wahrnehmung durch die Öffentlichkeit überlagerte.

Das aber könnte sich ändern. Was bislang aber immer dagegen
sprach, war ein Phänomen, das der Soziologe Michel Crozier bereits
1963 in dem Buch *Le Phénomène bureaucratique* mit den Worten beschrieb: «Will man auch nur eine begrenzte Reform in Frankreich
durchsetzen, ist man immer gezwungen, das ganze *System* anzugrei-
fen, das sich dadurch in Frage gestellt sieht (…) Reform kann nur
als eine grundstürzende Revolution zustande gebracht werden. Jedenfalls können Reformer keinen Erfolg erzielen, wenn sie auf den
Druck einer revolutionären oder quasi-revolutionären Bewegung
verzichten.»

8

KULTUR UND

IDENTITÄT

Seit dem Ende des Zweiten Weltkriegs ist die französische Politik vor allem daran orientiert, sich gegen einen Bedeutungsverlust des Landes zu stemmen, der schon mit dem Ersten Weltkrieg einsetzte, obwohl das Land, die Nation, aus beiden Konflikten erhobenen Hauptes als Sieger hervorging. Deshalb suchte Frankreich mit solcher Zähigkeit nach 1945 sein Kolonialreich zu verteidigen. Das ging jedoch nicht nur gründlich schief, sondern war auch Ursache für eine weitere Schwächung, deren Auswirkungen auf die Machtstellung Frankreichs in der Welt ungeschehen zu machen, eine der großen Leistungen de Gaulles war.

Aber dieser Erfolg änderte nichts daran, dass die von de Gaulle anvisierte Großmachtrolle Frankreichs eine Illusion blieb. Auch wenn sich diese schmerzliche Einsicht bis heute noch nicht zur Gänze durchgesetzt hat, reagiert man umso allergischer auf die Fülle der daraus resultierenden Abhängigkeiten. Das erklärt zum Teil die heftigen Abwehrreaktionen, die Frankreich beispielsweise gegenüber der sogenannten «Globalisierung» zeigt. Die wird als der Versuch der USA gedeutet, ihre Lebensweise und Kultur weltweit durchzusetzen, um so die politische, militärische und wirtschaftliche Überlegenheit der Supermacht dauerhaft zu sichern.

Vor allem ursächlich für diese Reaktionen sind aber nicht, wie gern vermutet wird, die rein ökonomischen Aspekte der Globalisierung, also die Liberalisierung der internationalen Kapitalströme und die weltweite Verflechtung wirtschaftlicher Interaktionen, die sich der Kontrolle durch eine je nationale Wirtschaftspolitik mehr und mehr entziehen und damit den Nationalstaaten ein klassisches Instrument, ihren Souveränitätsanspruch zur Geltung zu bringen, entwinden. Die französische Wirtschaft hat sich dieser Herausforderung vorzüglich angepasst, und die großen Unternehmen des Landes gehören längst zu den erfolgreichen *global players*. Die Verheißung allerdings, dass dank der Globalisierung der Wohlstand aller wie die Schaffung neuer Arbeitsplätze gefördert werden, hat die meisten Franzosen jedoch noch nicht überzeugt. Die schreckt vielmehr das Erlebnis, dass infolge der Globalisierung das Phänomen sozialer Ungleichheit, das der Staat dirigistisch einzuhegen suchte, mit neuer Schärfe in Erscheinung tritt. Nicht zuletzt davon, wie schnell und überzeugend es gelingt, diese Furcht zu zerstreuen, wird der Erfolg der Reformen abhängig sein, die Präsident Sarkozy sich vorgenommen hat.

KULTURELLE IDENTITÄT UND GEFAHREN DER GLOBALISIERUNG

Was Regierende wie Regierte jedoch gleichermaßen mit Grauen erfüllt und im Widerstand vereint, ist die kulturelle Bedrohung, die mit der Globalisierung Hand in Hand geht. Deren Auswirkungen werden mit dem allmählichen Verschwinden Frankreichs gleichgesetzt. Die Furcht, der eigenen Kultur und Identität verlustig zu gehen, wird zwar von vielen europäischen und außereuropäischen Ländern geteilt, aber nirgendwo sonst wird sie derart lebhaft wie in Frankreich empfunden. Das Schreckgespenst einer «Amerikanisierung» Frankreichs und damit des unwiederbringlichen Verlusts aller Werte, Gebräuche und Traditionen, auf die man hier stolz ist, ist ein Phänomen, das sich bereits im 19. Jahrhundert andeutete, als die Brüder Goncourt anlässlich der Pariser Weltausstellung von 1867 in ihrem Tagebuch notierten: «Die Weltausstellung ist der letzte Coup der Amerikanisierung von Frankreich, die Industrie siegt über die Kunst, die dampfgetriebene Dreschmaschine macht dem Gemälde den Platz streitig [i.e. die noch heute bewunderten, eine ländliche

Idylle beschwörenden Gemälde Jean-François Millets wie *Les Mois-sonneurs* oder *l'Angelus*, die auf der Weltausstellung erstmals gezeigt wurden und großes Aufsehen erregten], die Wasserklosetts und die Statuen, die sich hoch in die Luft recken – mit einem Wort, *la Fédération de la Matière*, der Triumph des Materialismus.»

Damit war eine Parole ausgegeben, ein Phänomen benannt worden, das in Frankreich rasch Karriere machte und das in den 20er-Jahren bereits eine Fülle von, bisweilen hysterischen, Warnungen auslöste. Bekanntestes Beispiel dafür ist das Buch von Georges Duhamel *Scènes de la vie future*, das 1930 in 178. Auflage erschien, das die Unattraktivität der amerikanischen Kulturindustrie geißelte und die Befürchtung äußerte, dass dieses Unwesen auch in Frankreich Fuß fassen könne. Damit wurde die Gefahr konkret, dass eine das alleinige Ideal der «Modernität» vergötzende und an den Wünschen der Konsumenten wie am Profit weniger orientierte Kultur wie die amerikanische einen denkbar negativen Einfluss auf das Zivilisationsideal haben müsse, das der französischen Kultur eigentümlich ist.

Diese negative Wahrnehmung wie auch der Diskurs, mit dem sie verbreitet wurde, entfalteten aber erst im Frankreich nach dem Zweiten Weltkrieg große und anhaltende Wirkung und dies vor allem aus drei Gründen: Das französische Wirtschaftswunder generierte einen Wachstumsschub, der das traditionelle Antlitz Frankreichs und damit dessen Selbstwahrnehmung radikal veränderte, insofern die Landwirtschaft und das bäuerliche Leben an Bedeutung einbüßten und gleichzeitig die Urbanisierung des Landes, vor allem die Zusammenballung der Bevölkerung in einigen wenigen Agglomerationszentren, rapide voranschritt. Allein das bedeutete schon einen schmerzhaften Verlust lieber Gewohnheiten, Vorstellungen und Traditionen, der Verunsicherungen auslöste, von denen die überkommene Identität umso mehr infrage gestellt wurde, als damit an Aspekte gerührt wurde, die mit dem großen Einverständnis der Franzosen vom Vichy-Regime ganz besonders gepflegt worden waren.

Zum Zweiten wuchs, in dem Maße, wie sich der Ost-West-Konflikt verschärfte, die Dominanz der USA im westlichen Lager, was unmittelbar eine Zunahme des Antiamerikanismus bewirkte. Drittens schließlich sah sich Frankreich durch die zwei Weltmächte nicht nur um seine traditionelle Großmachtrolle gebracht, sondern musste auch die Demütigung einstecken, dass jeder Versuch, diese sich ein Stück weit zurück zu erobern – siehe das Suez-Abenteuer von 1956 –, sofort von den USA unterbunden wurde. Im Gegensatz zu Großbritannien, das sich danach endgültig in das Unvermeidliche schickte und sich außen- wie sicherheitspolitisch der US-Hegemonie unterordnete, suchte Frankreich seine Eigenständigkeit zu behaupten. Eben das steigerte aber auch die Empfindlichkeit gegenüber einem Vordringen der transatlantischen Kultur, der entgegenzutreten sich eine All-Parteien-Koalition formierte.

Schon 1946 grassierte in Frankreich beispielsweise die Furcht, von Hollywood dominiert zu werden, dessen Filmen die heimische Filmproduktion bei freier Konkurrenz rettungslos unterlegen war. Diese Ängste waren keineswegs unbegründet, denn im Zusammenhang mit den Verhandlungen über eine Wirtschafts- und Finanzhilfe im Rahmen des Marshall-Plans drängten die USA darauf, Frankreich müsse die protektionistischen Maßnahmen, die den französischen Filmmarkt abschotteten, aufheben. Am Ende wurde ein Kompromiss gefunden, aber schon der ging dem damaligen Kommunisten-Chef Maurice Thorez zu weit, der die Regierung beschuldigte, amerikanische Filme ins Land zu lassen, «um die Seelen französischer Kinder zu vergiften». Thorez verstieg sich sogar zu der Warnung, dass die Hollywood-Produktionen nicht nur viele französische Filmschaffende um Lohn und Brot brächten, sondern sie würden junge Franzosen binnen kurzem «zu gelehrigen Sklaven amerikanischer Milliardäre» und den moralischen und intellektuellen Werten abspenstig machen, die verantwortlich waren für *grandeur* und *gloire* Frankreichs.

Das waren Warnungen und Ängste, die keineswegs nur im Lager der Kommunisten laut wurden und Resonanz fanden, sondern in die viele quer durch das Parteienspektrum einstimmten, die nicht nur in Hollywood eine Gefahr für die französische Identität heraufziehen sahen, sondern die auch das *Coca-Cola-Syndrom*, eine umfassende Amerikanisierung der traditionellen französischen Lebensweise anklagten, mittels einer Überschwemmung des europäischen Marktes mit Produkten des amerikanischen Massenkonsums die Pfeiler der spezifisch französischen Kultur zu unterspülen. Das waren Befürchtungen, die auch von bürgerlichen Kreisen in der damaligen Bundesrepublik geteilt wurden, in denen es in den 50er-Jahren durchaus gang und gäbe war, wie sich der Verfasser noch gut erinnert, Kindern den Konsum der braunen Brause zu verbieten. Aber hier war es verpönt, das öffentlich zu äußern. Außerdem ging man nicht so weit wie in Frankreich, die amerikanische Kultur als eine manifeste Bedrohung der eigenen kulturellen oder humanistischen Werte lauthals zu schmähen, vielleicht auch nur deshalb nicht, weil man das zuvor selber so gründlich besorgt hatte.

KULTURPOLITIK

Nicht zuletzt wegen der politischen Bedeutung des Themas sah sich de Gaulle 1959 dazu veranlasst, erstmals ein eigenes Ministerium zur Förderung der Kultur zu gründen, an dessen Spitze bis 1969 der Schriftsteller André Malraux stand. Malraux erweiterte die bereits in der IV. Republik praktizierte Förderung des französischen Films, die durch eine eigene auf den Verkauf von Kinokarten erhobene Steuer finanziert wurde, so dass auch in Frankreich gezeigte Hollywood-Produktionen ihr Scherflein zur französischen Filmindustrie beisteuerten. Außerdem gab er den Anstoß zu zahlreichen kulturellen Initiativen wie der Gründung großer Festivals, die während des Sommers in der Provinz stattfanden und noch immer stattfinden und deren Zahl heute kaum mehr zu überschauen ist. Eine andere Methode, die Kultur, die traditionell in Paris konzentriert war, zu dezentralisieren mit dem pädagogischen Hintersinn, die gesamte Nation mit deren Werten zu immunisieren, war die Einrichtung der über das ganze Land verteilten *Maisons de la Culture*, in denen Theateraufführungen oder Ausstellungen veranstaltet, Filme gezeigt oder Konzerte gegeben wurden. Diese anfänglich mit viel Geld und Idealismus betriebene Initiative ist seither jedoch weitgehend eingeschlafen.

Ein anderer, weitaus erfolgreicherer Aspekt von Malraux' Kulturpolitik war der Versuch, mittels der Kultur den von de Gaulle erneuerten Anspruch Frankreichs auf *grandeur* zu unterstreichen. Spektakuläre Maßnahmen in diesem Zusammenhang waren die Amerika-Reise der *Mona Lisa* 1963 und die der *Venus von Milo* ein Jahr später nach Japan, mit der Malraux die Vermutung verknüpfte, dass «vier Millionen Japaner hinter dieser Statue die Trikolore sahen». Eine kleine Kulturrevolution löste Malraux hingegen mit der Gesetzesinitiative von 1962 aus, ganze innerstädtische Zonen unter einen besonderen Schutz zu stellen und für deren Renovierung und Konservierung großzügig Mittel aufzuwenden. Diesem Gesetz, das häufig nachgeahmt wurde, ist es zu danken, dass große Gebäudemassen wie der Louvre oder Notre Dame von ihrer schwarzen Patina gereinigt wurden und ihre hellen Kalksteinfassaden wieder zum Vorschein kamen, ein Erlebnis, das damals manchen Puristen verstörte, aber auch auf viel Beifall stieß. Eine langfristige Folge dieses Gesetzes ist aber auch die Musealisierung von Paris, über die man geteilter Meinung sein kann.

Während Malraux unter de Gaulle sich noch im Wesentlichen damit beschied, dem kulturellen Erbe Frankreichs neue Anerkennung zu verschaffen, war Präsident Pompidou der Erste, der mit einem spektakulären Bauwerk, dem *Centre Pompidou*, seiner Ära ein bleibendes Zeugnis setzen wollte. Diesem Beispiel folgte Giscard d'Estaing, der veranlasste, dass die nie wirklich als Bahnhof genutzte *Gare d'Orsay* in ein zentrales Museum für die permanente Ausstellung der reichen Bestände an französischer Kunst des 19. und frühen 20. Jahrhunderts umgebaut wurde. Diese beiden Vorbilder wurden indes weit von den zwölf großen Kulturprojekten in den Schatten gestellt, mit denen Präsident Mitterrand seine vierzehnjährige Amtszeit als französischer Staatspräsident zu krönen suchte. Die wichtigsten dieser Vorhaben waren die Gründung der *Cité de la Musique et des Sciences* auf dem Gelände der ehemaligen Schlachthöfe von La Villette, die umfassende Renovierung des Louvre und die großzügige Neugestaltung von dessen unterirdischem Eingangsbereich, über dem sich die Glaspyramide erhebt, die schnell zu einem der Wahrzeichen von Paris avancierte, das neue Opernhaus an der Bastille, der «Grand Arche» am Eingang des Büroviertels La Défense sowie der von vier Glastürmen flankierte Gebäudekomplex der neuen *Bibliothèque Nationale*.

Wie die großen Potentaten Ludwig XIV. oder Napoleon III. vor ihm litt auch Mitterrand am «Bauwurm» und ließ es sich nicht nehmen, nicht nur die Architekten selber zu bestimmen, sondern auch in Detailfragen das letzte Wort zu haben. Dafür, dass er beispielsweise die Sessel der *Bastille*-Oper aussuchte, wird ihm noch heute mancher Besucher dieses Hauses dankbar sein, während andere seiner ästhetischen Entscheidungen im Laufe der Jahre zunehmend heftiger kritisiert wurden. Dies gilt insbesondere für den mit Abstand kostspieligsten dieser märchenhafte Summen verschlingenden Prestigebauten, den Neubau der nach ihm benannten Nationalbibliothek, die schlicht eine Katastrophe ist. Auf einem anderen Blatt steht, dass damit die kulturelle Zentralisation Frankreichs endgültig festgeschrieben wurde, denn allein der Unterhalt dieser Bauten verschlingt den Löwenanteil des Kulturetats.

Im Vergleich zu Mitterrand stach Präsident Chirac hingegen geradezu durch Bescheidenheit ab, auch wenn bei dem von ihm angeregten Bau des Museums für die *Arts primitifs*, will sagen für die großen Sammlungen außereuropäischer Kunst, der am Quai Branly entstand, alles andere als gegeizt wurde.

Diese teilweise frenetische Geschäftigkeit einer in große Prestigeprojekte vernarrten staatlichen Kulturpolitik verdeckte lange Zeit den Abschwung, den das schöpferische kulturelle Leben in Frankreich nahm. Als im Winter 2007 das amerikanische Nachrichtenmagazin *Time* in einer Titelgeschichte dessen Niedergang verkündete, löste das in Frankreich nur sehr verhaltene und irgendwie pflichtschuldig anmutende Reaktionen aus, denn diese Diagnose war ein alter Hut. Eine gärtnerische Weisheit sagt, dass ein alter Baum, der üppig blüht, dem baldigen Tod geweiht ist. Ähnlich scheint es sich mit dem kulturellen Leben in Frankreich zu verhalten, von dem ein letzter bedeutender Innovationsschub in der Postmoderne ausging, als eine eindrucksvolle Phalanx von Denkern und Deutern wie Claude Lévi-Strauss, Jacques Lacan, Roland Barthes, Michel Foucault oder Jacques Derrida, um nur die wichtigsten zu nennen, nicht nur in Frankreich, sondern weltweit den intellektuellen Diskurs prägten und befruchteten. Diese *grands intellectuels* sind alle ohne Nachfolger geblieben, sind verschwunden oder verstummt.

DAS LITERARISCHE LEBEN

Die französische Literatur, die in den 50er- und 60er-Jahren mit Albert Camus, Françoise Sagan, Simone de Beauvoir oder Jean-Paul Sartre, um nur diese zu nennen, in der weltweiten *république des lettres* einen Spitzenplatz besetzte, hatte sich bereits zuvor mit dem *nouveau roman* verabschiedet. Ein Michel Houellebecq, der in den 90er-Jahren ein neuer Stern zu werden schien, ist unterdessen zum Kometen geschrumpft, ein Schicksal, das auch dem Amerikaner Jonathan Littell bestimmt sein dürfte, dessen auf Französisch geschriebener Roman, die fiktive Lebensbeichte des SS-Offiziers Max Aue, im Herbst 2006 in Frankreich ein Sensationserfolg war. Aber trotz des offensichtlichen Mangels an herausragenden Talenten erfreut sich das literarische Leben in Frankreich einer großen Vitalität. Dies hängt zum einen damit zusammen, dass Autoren hier eine traditionell große gesellschaftliche Wertschätzung genießen, die auch dem breiten Feld der mittleren Talente zugute kommt. Zum anderen ist Frankreich seit je das europäische Land, das auch andere Literaturen als die eigene mit Aufmerksamkeit verfolgt und wo viele Autoren gerade aus kleineren, abgelegenen und schwer zugänglichen Kulturen eine Chance erhalten, durch die Übersetzung ihrer Bücher in der *république des lettres* bekannt zu werden. Der große Erfolg, den beispielsweise die lateinamerikanische Literatur in Deutschland genießt, verdankt sich den Entdeckungen eines Roger Caillois, der viele ihrer Autoren zunächst in Frankreich veröffentlichte, wodurch sie auch das Interesse deutscher Verleger fanden.

DAS KUNSTSCHAFFEN

Auffällig ist zum Weiteren die «schöpferische Pause» im zeitgenössischen französischen Kunstschaffen, das auf dem boomenden internationalen Kunstmarkt so gut wie keine Rolle spielt. Offensichtlich haben sich die einst geradezu vulkanisch anmutenden schöpferischen Energien Frankreichs, die bis in die Nachkriegszeit hinein in geradezu überstürzender Abfolge die großen Avantgardismen in der Kunst hervorbrachten, verbraucht. Gewiss, über den Erfolg von Kunst entscheiden der Markt und der breite Publikumsgeschmack, den vor allem einige reiche Sammler weltweit beeinflussen, die der französischen Gegenwartskunst offenkundig nichts abgewinnen können. Eine plausible Erklärung dafür lieferte ausgerechnet eine als Leistungsschau angelegte Ausstellung mit aktuellen Werken zeitgenössischer französischer oder in Frankreich lebender Künstler im Pariser *Grand Palais*, die auf Betreiben des damaligen Premierministers Dominique de Villepin unter dem forcierten Titel *La Force de l'Art* im Oktober 2006 gezeigt wurde. Mit wachsender Verblüffung gewahrte man damals eine lust- und konzeptlos zusammengekarrte und ebenso präsentierte Ausstellung, die irgendwie als der zufällige Querschnitt des zeitgenössischen Kunstschaffens in Frankreich anmutete. Was als Demonstration verkannter Stärke geplant war, erwies sich so als Eingeständnis peinlicher Unzulänglichkeit.

DIE «SEPTIÈME ART» – DER FILM

Von allen Künsten scheint sich die *septième art*, der Film, in Frankreich noch am besten behauptet zu haben, auch wenn sich seit der *nouvelle vague* kein neuer Höhepunkt abzeichnet. Dank der üppigen staatlichen Filmförderung, deren Aufkommen durch Produktionsbeteiligungen der privaten wie öffentlichen Fernsehsender zusätzlich gespeist wird, entstehen Jahr für Jahr einige gute bis sehr gute Filme von hoher cineastischer Qualität, von denen sich allerdings nur die wenigsten in den Kinos gegen den Erfolg der in Hollywood entstandenen Filme behaupten können. Auffällig an den wenigen wirklichen «Ausreißern» der französischen Kinoproduktion ist jedoch, dass sie, wie beispielsweise der Film *Le Fabuleux Destin d'Amélie Poulain*, der auch international sehr erfolgreich war, oder *Bienvenue chez les Ch'tis*, der französische Publikumsrenner des Jahres 2008, Themen behandeln, die in einer märchenhaft oder nostalgisch verfremdeten französischen Alltagswirklichkeit angesiedelt sind. Der Erfolg solcher Filme scheint beim Publikum an einen Nerv zu rühren, das sich nach einem unbeschädigten und nicht bedrohten Lebensgefühl sehnt, das das Melos dieser Filme bestimmt.

Möglicherweise findet sich eben darin auch eine Erklärung für die Sohle des Hochtals, auf der sich die französische Kultur seit einiger Zeit befindet; sie reflektiert damit einerseits eine gesellschaftliche Stagnation, wenn nicht gar Blockade, die spätestens mit der Ära Mitterrand einsetzte, und prognostiziert andererseits die wachsende Beunruhigung darüber, dass auf diesem Stillstand auf Dauer kein Segen ruht. Eine derart globale soziologische Deutung ist so anfechtbar wie jede andere, aber sie verspricht wenigstens Hoffnung auf Wandel, den mittelbar Präsident Sarkozy provozieren könnte. Tritt ein solcher Wandel nicht ein, wird die französische Kultur weiter im geschäftigen Stillstand verharren, indem sie entweder mit ihrem reichen Erbe die Welt verblüfft, siehe das Projekt des Louvre in Abu Dhabi, oder sie findet ihr Genügen darin, einzelne Nebenfelder zu pflegen und gegen allerlei Infragestellungen zu verteidigen.

DIE FRANZÖSISCHE KOCHKUNST

Eines dieser Nebenfelder ist die französische Kochkunst, die noch immer, häufig leider zu Unrecht, weltweit einen hohen Ruf genießt und die auf Antrag der derzeitigen Regierung unter den Schutz des kulturellen Welterbes gestellt werden soll, über das die in Paris ansässige UNESCO, die Kulturorganisation der Vereinten Nationen, wacht. Beim guten Essen, das in Frankreich seit der Revolution von 1789 als nationales Kulturgut schlechthin gilt, hört jeder Spaß für gewöhnlich auf, gilt, beim Teutates, der gallische Ernst. In einem Land, in dem eine eigene *Académie* die Qualität des *oeuf dur mayonnaise*, das schlichte, hartgekochte Ei mit Mayonnaise, hoch zu halten versucht, gilt die Essensfront als eine *Maginot*-Linie, um fremde, sprich barbarische, vor allem amerikanische *fast-food*-Angriffe abzuwehren. Dabei ist der heroische Kampf, den eine Asterix-Figur wie der Führer der kleinen, vor allem im Ausland bekannten Bauerngewerkschaft *Confédération Paysanne*, José Bové, gegen McDonald medienwirksam führte, längst verloren. In Frankreich werden pro Kopf der Bevölkerung die meisten der zwischen Zellstoffbrötchenhälften gepackten Buletten verkauft, deren Brat- und Verkaufsstellen bedrohlich zunehmen, während die Anzahl der traditionellen französischen Bistros und Brasserien stetig abnimmt, so dass sich schon jetzt vorhersehen lässt, dass sich die Entwicklungskurven beider im graphischen Schaubild irgendwann schneiden werden. Spätestens dann wird auch ein Don Quijote wie José Bové seine Niederlage eingestehen müssen.

DIE FRANZÖSISCHE SPRACHE

Ein anderer wichtiger Nebenschauplatz, auf dem die französische Kultur, deren weltweite Ausstrahlung und eminente Bedeutung für die Identität der Nation erbittert verteidigt wird, ist die Sprache. Wie wichtig dieser Kampf genommen wird, erhellt allein schon der Umstand, dass de Gaulle 1966 den *Haut Comité de la langue française* ins Leben rief, dessen Präsident der jeweilige französische Premierminister ist und dem Mitterrand 1984 den *Comité consultatif de la langue française* nachfolgen ließ. Die eigene Sprache, das Französische, ist mithin ein Politikum aller ersten Ranges, denn selbstverständlich gilt, dass eine der wichtigsten Voraussetzungen für die nationale Identität die linguistisch-kulturelle Einheit ist. Das hat, wie vieles in Frankreich, das einem Fremden seltsam anmutet, seine gewichtigen historischen Gründe.

Die französische Sprache ist eines der wichtigsten verbindenden Elemente des republikanischen Frankreich, geradezu der «Zement der Republik wie der Werte, die sie begründeten», wie der einstige Premierminister Lionel Jospin einmal sagte, der nicht zufällig ein Hochschullehrer und in den einschlägigen geistig-pädagogischen Traditionen der III. Republik verwurzelt ist. Das Französische als Amts- und Nationalsprache setzte sich in Frankreich erst im Laufe des 19. Jahrhunderts gegen den zuvor vorherrschenden *patois* und die in einigen Landesteilen traditionellen Regionalsprachen durch. Den entscheidenden Beitrag für diesen Prozess leistete das republikanische Schulwesen der III. Republik, dessen endgültiger Triumph aber erst durch das Fernsehen in den 60er-Jahren erzielt wurde. Wie wichtig aber dennoch bis heute die Sprache genommen wird, zeigt ein Verfassungszusatz von 1992, der kurz und bündig feststellt: «Die Sprache der Republik ist Französisch.» Damit sollte nicht der Pleonasmus, dass ein Rappe schwarz ist, Verfassungsrang erhalten, sondern die Bestimmung zielte vor allem darauf, den Regionalsprachen wie Bretonisch, Korsisch, Elsässisch oder Baskisch einen Riegel vorzuschieben. Der Verfassungsartikel von 1992 verhinderte bislang auch, dass Frankreich die im nämlichen Jahr verabschiedete Charta für Regional- und Minderheitensprachen des Europäischen Rats ratifizierte.

Ein zweiter Grund für die bisweilen militant anmutende offizielle Pflege des Französischen ist, dass die Sprache so etwas wie die Flagge der *grandeur* ist, die Zeugnis gibt von Frankreichs Status und Einfluss in der Welt. Daran wird trotz der auch in Frankreich nicht geleugneten Entwicklung festgehalten, dass das Französische nicht mehr die Sprache der Diplomatie oder internationaler Verträge ist, um so wenigstens so viel als möglich von dessen früherer Bedeutung zu wahren. Das mag man als irgendwie rührend oder eigensinnig empfinden, aber es hat durchaus Berechtigung, denn, und dies ist der dritte Aspekt, die Sprache ist ein essentieller Bestandteil der eigenen Identität. Indem Frankreich die Geltung des Französischen in der Welt zu verteidigen sucht, ist es überzeugt, damit einen Beitrag für die Erhaltung der kulturellen Vielfalt zu leisten in der keineswegs uneigennützigen Hoffnung, dass das Land damit seine einstige große Bedeutung im Weltgeschehen besser zu behaupten vermag, als wenn dieses im Zusammenhang der fortschreitenden Globalisierung zu einem irgendwie uniformen Ganzen gerinnt.

Auch dieser offensive Stolz auf die eigene Sprache hat in Frankreich eine lange Tradition. Um Sprache und Kultur von fremden Einflüssen rein zu halten, gründete Kardinal Richelieu 1635 die *Académie française*, der er die Aufgabe zuwies, «klare Regeln für unsere Sprache aufzustellen und diese rein, beredsam und fähig zu machen, den Künsten und Wissenschaften angemessene Ausdrucksmöglichkeiten zu verschaffen». Die 1883 geschaffene *Alliance française*, eine der typischen Erfindungen der politischen Pädagogik der III. Republik, sollte hingegen dazu beitragen, die französische Sprache und Literatur weltweit zu verbreiten. Auch die Absicht war keineswegs uneigennützig, sondern wurde mit der stillen Absicht verbunden, dass, wer die französische Sprache und Kultur kennt, eher geneigt sein wird, mit der französischen Politik zu sympathisieren, französische Produkte zu kaufen, oder gar versucht ist, sich eine französische Lebensweise anzueignen. Seit 1986 gibt es außerdem die *Organisation internationale de la Francophonie*, die rund 60 Mitgliedstaaten umfasst und deren Ziel es ebenfalls ist, französische Sprache und Kultur in der Welt zu verbreiten, eine Aufgabenstellung, die im Übrigen auch von den französischen Kulturinstituten im Ausland wahrgenommen wird.

Etwas seltsam hingegen muten zwei umstrittene Gesetze an, die das Französische in Frankreich verteidigen sollen. Im Dezember 1975 wurde das nach seinen Antragstellern, den Abgeordneten Bas und Lauriol benannte Gesetz verabschiedet, das Französisch zur gesprochenen und geschriebenen Pflichtsprache in Werbung, bei Gebrauchsanweisungen und in offiziellen Dokumenten macht. Außerdem wurde der Gebrauch fremdsprachiger Ausdrücke verboten, wenn es sinnfällige französische Begriffe für diese gibt. Dieses Gesetz wurde durch die *loi Toubon* im Sommer 1994 verschärft, das für Verstöße gegen die Bestimmungen von 1975 Geld-, ja sogar Haftstrafen androht! Außerdem sollten alle Zuschüsse der öffentlichen Hand für wissenschaftliche Tagungen automatisch verfallen, wenn deren Konferenzsprache nicht französisch war.

Ungeachtet dessen aber, dass selbst so gängige Ausdrücke wie *e-mail* oder *start-up* bei Unternehmensgründungen offiziell verpönt sind – das französische Finanzministerium veröffentlichte eine entsprechende Richtlinie mit einschlägigem Glossar im März 2000 – und stattdessen so hübsche Wendungen wie *courrier électronique* oder *jeune-pousse*, die von ungefähr an Marcel Proust erinnern, gebräuchlich sind, dringt das Englische auch in Frankreich unaufhaltsam weiter vor. Diese Entwicklung dürfte sich durch kein Gesetz oder die Androhung drakonischer Strafen aufhalten lassen, denn darin spiegelt sich nur eine Wirklichkeit wider, die nüchterne Zahlen anschaulich machen: Weltweit können rund 131 Millionen Menschen französisch sprechen, lesen oder verstehen, aber nur für rund 70 Millionen ist Französisch die Muttersprache.

Das nimmt sich alles irgendwie bedrohlich aus und wird in Frankreich auch von vielen so empfunden. Aber weder das Französische noch die französische Kultur und Identität laufen damit Gefahr zu verschwinden. *Grandeur* und *gloire* werden zwar etwas an Glanz und Bedeutung verlieren, aber es wird nicht so weit kommen, wie der Publizist Jean-François Revel einmal spottete, dass die französische Kultur von Mickey Mouse k.o. geschlagen wird.

Die dauernden rituellen Beschwörungen der französischen Kultur und Identität verraten also genau das Gegenteil dessen, was mit ihnen bewiesen werden soll: Sie machen nicht Mitteilung von deren Vitalität und unangefochtenen Stärke, sondern sind vielmehr Symptome einer Krise, die sich vor allem zwei Einsichten verdankt: der kontinuierlichen Abnahme des kulturellen, sprachlichen, wirtschaftlichen, militärischen und politischen Einflusses Frankreichs in der Welt und in Europa zum einen, wie zum anderen dem wachsenden Bewusstsein, dass die Kluft zwischen einer übertrieben schmeichelhaften Selbsteinschätzung, die sich an den Erinnerungen einer längst vergangenen *grandeur* orientiert, und einer Wirklichkeit, die diesem Selbstbild widerspricht, unüberbrückbar groß geworden ist.

Aber selbst das ist keineswegs so neu, wie es den Anschein haben will, spottete doch bereits Montesquieu in den *Lettres persanes* über die «weitverbreitete Leidenschaft der französischen Nation für die *gloire*». Dieser Leidenschaft konnte noch kein Debakel je etwas auf Dauer anhaben, wie ein jeder Polemik unverdächtiger Zeuge, der Generalinspekteur der Infanterie, Louis Jules Trochu, in seiner Denkschrift *L'Armée française en 1867* schrieb: «Wir haben eine besondere Fähigkeit, unsere Niederlagen zu erklären und zu rechtfertigen oder uns über sie hinwegzutrösten durch die getreulich überlieferte Erinnerung an irgendeine Tat oder ein nobles Wort, das immer zur Hand ist, um einen Kampf zu adeln oder zu verklären, ganz gleich wie er ausgegangen ist. Für die Masse des heutigen französischen Volkes resümiert sich das ganze Geschehen von Waterloo in dem Satz: *Die Garde stirbt, aber ergibt sich nicht.* Das Nämliche gilt für unsere Väter, die von der Schlacht von Fontenoy nur erinnerten: *Nach Ihnen, meine Herren Engländer,* während unsere Urgroßväter mit dem Desaster von Pavia nur das schöne Wort des in der Schlacht unterlegenen Königs verbanden: *Alles ist verloren, nur die Ehre nicht.* – Tatsächlich ist es beinahe ausschließlich die Erinnerung an französische Siege und Ruhmestaten, die im Gedächtnis der Franzosen haften bleiben, und die Empfindungen und die Erwartungen, die damit verknüpft sind, besitzen bei ihnen überragende Bedeutung.»

Das Vergessen, das Ernest Renan zur nationalen Tugendpflicht erklärte, wie andererseits eine ausgeprägt selektive Erinnerung an *gloire* und *grandeur* sowie die daraus abgeleiteten Erwartungen an Gegenwart und Zukunft sind konstitutiv für ein französisches Nationalbewusstsein, das schon manche Debakel, Katastrophen, Untergänge oder Revolutionen unbeschädigt überdauert hat. Eine schöne Illustration dafür liefert de Gaulles Versicherung: «Europa ist das Werkzeug für Frankreich, um wieder das zu werden, was es seit Waterloo nicht mehr gewesen ist: die erste Macht der Welt.» Das war eine Illusion, die sich an einen Anachronismus klammerte. Im Lichte dessen war es jedoch nur konsequent, dass eine Mehrheit der Franzosen 2005 den Europäischen Verfassungsvertrag zu Fall brachte, der einen europäischen Integrationsprozess beschleunigen sollte, den Frankreich nicht mehr kontrollierte. Daraus scheint der derzeitige Staatspräsident Nicolas Sarkozy seine Lehren gezogen zu haben, indem er Frankreich auf Kosten Europas stark zu machen sucht. So jedenfalls ließe sich sein Projekt einer Mittelmeerunion verstehen, in dem lediglich die 17 Anrainerstaaten dieses Binnenmeers kooperieren sollen. Aber selbst darin verrät sich die Einsicht, dass Frankreich auf die Unterstützung anderer angewiesen ist, um *grandeur* zu behaupten, ein Anspruch, auf den es um seiner Identität willen nicht verzichten kann.

ANHANG

ZEITTAFEL

768–814	Herrschaft Karls des Großen
843	Vertrag von Verdun. Das Reich Karls d. Gr. wird unter seinen drei Söhnen Lothar, Ludwig und Karl aufgeteilt.
987–1328	Die Herrschaft der Kapetinger über Frankreich
1309–1378	Die Päpste in Avignon unter dem Schutz der franz. Könige
1339–1453	Der Hundertjährige Krieg zwischen Frankreich und England
1429	Jeanne d'Arc befreit Orléans.
1431	Hinrichtung von Jeanne d'Arc (30. Mai)
1453–1498	Erneuerung Frankreichs unter Ludwig XI. und Karl VIII.
1494–1559	Das Zeitalter der Renaissancekönige Karl VIII., Ludwig XII., Franz I. und Heinrich II.
1559–1589	Die Religionskriege schwächen die Macht der Könige.
1589–1792	Die Herrschaft der Bourbonen über Frankreich; erster König dieses Geschlechts ist Heinrich IV. (1589–1610).
1598	Edikt von Nantes (13. April); Protestanten erhalten eingeschränkte, aber garantierte Kultfreiheit.
1610	Ermordung Heinrichs IV. (14. Mai)
1616–1661	Die Epoche der großen Kardinäle: Richelieu (1616–1642) und Mazarin (1643–1661)
1635	Richelieu entschließt sich zum offenen Kriegseintritt Frankreichs in den seit 1618 das Reich verwüstenden Krieg (19. Mai).
1648	Abschluss des «Westfälischen Friedens» in Münster und Osnabrück (24. Oktober). Dank der französischen Waffenerfolge in der Spätphase des Dreißigjährigen Kriegs und einer geschickten Diplomatie gelingt es Kardinal Mazarin, die französische Vorherrschaft über den Kontinent zu erringen. Frankreich erwirbt das Elsass mit Ausnahme der Reichsstadt Straßburg und den Sundgau; außerdem wird ihm der Besitz der Bistümer Metz, Toul und Verdun definitiv anerkannt.

1661–1789	Zeitalter des französischen Absolutismus. Mit dem Tod Mazarins (1661) beginnt die persönliche Herrschaft Ludwigs XIV. Zeit seiner Herrschaft (bis 1715) wird Frankreich endgültig zur stärksten Macht Europas.
1672–1678	Der Niederländische Krieg, der 1679 mit dem Frieden von Nimwegen beendet wird: Frankreich gewinnt große Teile Westflanderns, die Franche-Comté sowie die faktische Anerkennung seiner Herrschaft über Lothringen.
1681	Annexion von Straßburg
1685	Aufhebung des Edikts von Nantes (18. Oktober); mehr als die Hälfte der rund eine Million französische Protestanten flieht aus dem Land; viele dieser Hugenotten lassen sich in Preußen nieder.
1688–1697	Pfälzischer Erbfolgekrieg; Ludwig XIV. versucht, rechtlich unhaltbare Erbansprüche seiner Schwägerin, Liselotte von der Pfalz, gegen eine europäische Mächtekoalition durchzusetzen.
1689	Zerstörung des Heidelberger Schlosses und des Doms zu Speyer durch französische Truppen unter Mélac
1701–13/14	Spanischer Erbfolgekrieg, mit dem Ludwig XIV. die Hegemonialstellung Frankreichs in Europa verspielt, während England zum Schiedsrichter des Kontinents und zur führenden Macht in Übersee aufsteigt.
1715–1774	Herrschaft Ludwigs XV.
1756–1763	Siebenjähriger Krieg; im Frieden von Paris (10. Februar 1763) verliert Frankreich den größten Teil seines Kolonialbesitzes an England; auch innenpolitisch erleidet die Krone wegen der Mätressenwirtschaft der Pompadour (1745–1764) und der Dubarry (1769–1774) einen beträchtlichen Ansehensverlust.
1774–1792	Ludwig XVI.; mit diesem Herrscher beginnt die akute Krise der absolutistischen Herrschaft, die 1789 in den Ausbruch der Französischen Revolution einmündet (14. Juli 1789).
1793	Ludwig XVI. wird vom Konvent am 17. Januar zum Tode verurteilt und am 21. Januar hingerichtet.
1799	Staatsstreich von Napoleon Bonaparte (9. November), der als Erster Consul zum Diktator Frankreichs wird.
1804	Napoleon krönt sich zum Kaiser der Franzosen (2. Dezember).
1806	Gründung des Rheinbunds deutscher Fürsten, die sich damit dem französischen Protektorat unterstellen.
1806	In den Schlachten von Jena und Auerstädt (14. Oktober) besiegt

Napoleon Preußen, das infolge dieser Niederlage mehr als die Hälfte seines Staatsgebiets verliert.

1812	Napoleons Russlandfeldzug (24. Juni)
1813	Völkerschlacht bei Leipzig (16.–19. Oktober), die mit einer schweren Niederlage Napoleons endet; unmittelbar vor der Schlacht sind, mit Ausnahme Sachsens, die Rheinbundstaaten ins Lager der Alliierten übergegangen.
1815	Schlacht von Waterloo (18. Juni); am 22. Juni dankt Napoleon endgültig ab.
1815–1830	Wiedererrichtung der bourbonischen Herrschaft in Frankreich.
1830–1848	Herrschaft Louis Philippes, der mittels der Juli-Revolution (27.–29. Juli 1830) an die Macht kommt, die er dann durch die Februarrevolution vom 23. Februar 1848 verliert.
1848	Proklamation der II. Republik (24. Februar); am 10. Dezember wird Louis-Napoleon, ein Neffe des Kaisers Napoleon, zum Präsidenten der Republik gewählt.
1851	Staatsstreich Louis-Napoleons, der sich am 2. Dezember 1852 zum Kaiser krönen lässt und als Napoleon III. den Thron besteigt.
1870	«Reichseinigungskrieg», der mit der französischen Niederlage bei Sedan und der Gefangenschaft Napoleons III. am 2. September 1870 nach nur vierwöchiger Dauer militärisch bereits entschieden ist.
1871	Proklamation des Deutschen Reichs unter Führung Preußens im Spiegelsaal des Schlosses von Versailles (18. Januar); im Frieden von Frankfurt am Main (10. Mai) wird Frankreich zur Abtretung des Elsass und eines großen Teils von Lothringen gezwungen, die bis 1918 als «Reichslande» zum Deutschen Reich gehören.
1914	Kriegserklärung des Deutschen Reichs an Frankreich (3. August); in der Schlacht an der Marne (5.–12. September) kommt der deutsche Vormarsch zum Stehen; Beginn des für den weiteren Verlauf des Konflikts charakteristischen Stellungskriegs und der sehr verlustreichen «Materialschlachten».
1916	Der deutsche Angriff bei Verdun (Februar–Juli) und die französische Offensive an der Somme (Juni–November) kosten Frankreich rund eine halbe Million Tote, ohne eine Entscheidung zu bringen.
1918	Nach fünf deutschen Offensiven (März–Juli) beginnt am 18. Juli die entscheidende Gegenoffensive der Alliierten, mit der es gelingt, die deutsche Front schrittweise zurückzudrängen; am 11. November kommt es zum Abschluss eines Waffenstillstands.

1919	Friedensvertrag von Versailles (28. Juni); neben der Rückgabe von Elsass-Lothringen musste sich das Deutsche Reich zur Zahlung immenser Reparationen an Frankreich verpflichten, das mit über 1,3 Millionen Toten und Vermissten (über 10 Prozent der aktiven männlichen Bevölkerung) materielle Verluste in Höhe von rund 55 Milliarden Francs des Jahres 1913 erlitten hatte.
1923	Französische Truppen besetzen das Ruhrgebiet (11. Januar).
1925	Vertrag von Locarno (16. Oktober), mit dem Frankreich die deutsche Westgrenze garantiert.
1936	Bei den Wahlen zur Abgeordnetenkammer (3. Mai) siegt das Volksfrontbündnis aus Sozialisten, Radikalen und Kommunisten.
1938	Auf Druck Hitlers stimmt der französische Premierminister Edouard Daladier im Münchener Abkommen der Abtretung der sudetendeutschen Gebiete der Tschechoslowakei an das Deutsche Reich zu.
1939	Nach dem deutschen Überfall auf Polen erklären Frankreich und Großbritannien Deutschland am 3. September den Krieg.
1940	Die Wehrmacht greift an der Westfront an (10. Mai); am 17. Juni wird Marschall Philippe Pétain zum Regierungschef berufen und bittet sofort um einen Waffenstillstand, der am 22. Juni geschlossen wird; am 17. Juli wird Pétain in Vichy, dem ab 1. Juli neuen Sitz der französischen Regierung, von Senat und Abgeordnetenkammer zum «Chef des französischen Staates», d.h. der Republik von Vichy, mit nahezu absoluten Vollmachten ernannt.
1942	Amerikanische und britische Truppen landen am 8. November in Nordafrika; am 11. November lässt Hitler die Wehrmacht auch in das bislang nicht besetzte Frankreich einrücken.
1943	Jean Moulin, Repräsentant General de Gaulles in Frankreich, gelingt am 27. Mai der Zusammenschluss der verschiedenen Widerstandsgruppen im «nationalen Widerstandsrat»; am 21. Juni wird Moulin verhaftet und stirbt nach schweren Folterungen durch Klaus Barbie, den Gestapo-Chef von Lyon, am 8. Juli auf dem Transport nach Deutschland.
1944	Die paramilitärischen Kampfverbände des Widerstands werden am 14. Februar in den «Forces Françaises de l'Intérieur» zusammengefasst, bei denen die Kommunisten die Führung haben. Am 6. Juni landen alliierte Truppen in der Normandie, am 15. August in Südfrankreich. Als amerikanische Panzerverbände nördlich wie südlich von Paris die Seine erreichen, bricht in Paris am 19. August der Aufstand gegen die deutsche Besatzung aus. Am 25. August zieht

de Gaulle in Paris ein, der hier am 6. September eine provisorische Regierung bildet.

1945   In Reims wird das Waffenstillstandsabkommen, mit dem der Zweite Weltkrieg auf dem europäischen Kriegsschauplatz endet, am 8. Mai geschlossen; am selben Tag kommt es in Algerien zu Unruhen, bei denen in Sétif Tausende von Algeriern von französischen Truppen erschossen werden.

1946   Am 20. Januar tritt de Gaulle als Chef der provisorischen Regierung zurück; die Verfassung der IV. Republik wird am 13. Oktober durch Volksentscheid gebilligt und tritt am 27. Oktober in Kraft.

1954   Die Schlacht um Dien Bien Phu in Nordvietnam endet am 7. Mai mit der Kapitulation der französischen Truppen; am 20. Juli wird mit dem Genfer Abkommen die französische Herrschaft in Indochina beendet und die Teilung Vietnams besiegelt; am 1. November bricht der algerische Unabhängigkeitskrieg offen aus.

1956   Die britisch-französische Luftoffensive gegen die Verstaatlichung des Suezkanals durch den ägyptischen Diktator Nasser, die am 31. Oktober begann, wird auf massiven Druck der USA am 6. November abgebrochen.

1958   In Algier kommt es am 13. Mai zu einem Armeeputsch und die Putschisten drohen, auch in Paris die Macht zu übernehmen. Daraufhin wird de Gaulle am 29. Mai von Staatspräsident René Coty zum Ministerpräsidenten berufen, der, um die tiefe Krise zu bemeistern, für sechs Monate mit Sondervollmachten (2. Juni) ausgestattet wird; außerdem wird er beauftragt, eine neue Verfassung auszuarbeiten. Diese wird am 28. September mit einem Referendum mit fast 80 Prozent der Stimmen akzeptiert; am 4. Oktober beginnt mit Inkrafttreten dieser Verfassung die V. Republik. Am 21. Dezember wird de Gaulle durch ein Wahlmännergremium zum Präsidenten der Republik gewählt.

1959   De Gaulle erkennt erstmals öffentlich am 16. September das Recht der Algerier auf Selbstbestimmung an.

1960   Am 19. Dezember erkennt auch die Nationalversammlung das algerische Selbstbestimmungsrecht an.

1961   Ein Putsch der Chefs der französischen Armee in Algerien, der Generäle Challe, Jouhaud und Salan, scheitert.

1962   Mit dem Vertrag von Evian am Genfer See wird am 18. März der Algerienkrieg beendet. Bis Ende 1962 kehrt rund eine Million Franzosen ins Mutterland zurück. Durch Verfassungsänderung, die am

6. November durch Plebiszit gebilligt wird, soll der Staatspräsident künftig durch direkte Volkswahl bestimmt werden.

1963   Unterzeichnung des deutsch-französischen Freundschaftsvertrags am 22. Januar, mit dem beide Länder eine besonders enge Zusammenarbeit und regelmäßige Konsultationen auf Ministerebene vereinbaren.

1964   Am 3. Dezember räumt die Nationalversammlung der nuklearen Rüstung Vorrang vor der konventionellen ein.

1965   Im zweiten Wahlgang wird de Gaulle am 19. Dezember gegen seinen Konkurrenten, den Sozialisten François Mitterrand, mit 55 Prozent der Stimmen erneut zum Präsidenten gewählt.

1968   Am 13. Mai beginnen in der Universität von Nanterre bei Paris die Studentenunruhen des Mai 68, die sich vor allem wegen der Massenstreiks der französischen Arbeiter zu einer schweren Krise des gaullistischen Regimes ausweiten.

1969   Den Volksentscheid über eine geplante vorsichtige Lockerung des starren Zentralismus, der am 27. April stattfindet, verknüpft de Gaulle mit der Vertrauensfrage. Unmittelbar nach Bekanntwerden des negativen Ergebnisses erklärt de Gaulle seinen Rücktritt; am 15. Juni wird Georges Pompidou zum Staatspräsidenten gewählt.

1974   Tod Pompidous am 2. April; am 19. Mai wird Valéry Giscard d'Estaing mit knapper Mehrheit vor François Mitterrand im zweiten Wahlgang zum Präsidenten gewählt.

1981   Der Sozialist François Mitterrand löst am 21. Mai Giscard d'Estaing im Amt des Staatspräsidenten ab, das er zwei Wahlperioden lang bis 1995 innehat.

1986   Bei den Wahlen zur Nationalversammlung am 16. März erringen die Neo-Gaullisten die Mehrheit; damit kommt es zum ersten Mal in der V. Republik zu einer Cohabitations-Regierung, die von Jacques Chirac geführt wird.

1987   Prozess gegen Klaus Barbie, den einstigen Gestapo-Chef von Lyon

1988   Wiederwahl Mitterrands zum Staatschef im Mai und erneute Mehrheit der Linken bei den vorgezogenen Wahlen zur Nationalversammlung im Juni.

1993   Bei den Wahlen zur Nationalversammlung im März erzielt die Rechte einen Erdrutschsieg, der Mitterrand die Cohabitations-Regierung unter Edouard Balladur aufzwingt.

1995   Im zweiten Wahlgang zu den Präsidentschaftswahlen Anfang Mai wird Jacques Chirac zum Präsidenten gewählt; kaum im Amt löst er mit seiner Ankündigung, französische Wasserstoffbombentests im Pazifik wieder aufnehmen zu wollen, weltweite Proteste aus.

1997　Bei den Wahlen zur Nationalversammlung am 25. Mai und 1. Juni gewinnt die Linke die Mehrheit, so dass auch Chirac mit einer Cohabitations-Regierung unter Lionel Jospin, dem unterlegenen sozialistischen Konkurrenten bei der Präsidentschaftswahl, auskommen muss.

2002　Der Ausgang des ersten Wahlgangs der Präsidentschaftswahlen am 21. April verursacht einen Schock, der bis heute unvergessen ist: Konkurrent des erneut kandidierenden Amtsinhabers Chirac im zweiten Wahlgang würde nicht, wie allgemein erwartet, der Sozialist Jospin sein, sondern der Führer des rechtsradikalen Front National Jean-Marie Le Pen! Diese Alternative verschafft Chirac im zweiten Wahlgang am 5. Mai ein Ergebnis von 82 Prozent, dem der Ausgang der Wahlen zur Nationalversammlung am 9. und 16. Juni nur wenig nachsteht, die von den Konservativen ebenfalls haushoch gewonnen werden. Da 2000 durch ein Referendum die Amtszeit des Staatspräsidenten von sieben auf fünf Jahre reduziert worden war, kann Chirac bis zu deren Ende 2007 sein Amt ausüben, ohne fürchten zu müssen, es erneut mit einer Cohabitations-Regierung zu tun zu bekommen.

2007　In der Stichwahl, dem zweiten Wahlgang der Präsidentschaftswahlen, am 6. Mai siegt der Kandidat der Konservativen, Nicolas Sarkozy, mit 53,06 Prozent der abgegebenen Stimmen vor seiner Konkurrentin, Ségolène Royal, die von den Sozialisten nominiert worden war.

Regionen und Départements

1 Ain	13 Bouches-du-Rhône	24 Dordogne	37 Indre-et-Loire
2 Aisne	14 Calvados	25 Doubs	38 Isère
3 Allier	15 Cantal	26 Drôme	39 Jura
4 Alpes-de-Haute-	16 Charente	27 Eure	40 Landes
Provence	17 Charente-Maritime	28 Eure-et-Loir	41 Loir-et-Cher
5 Hautes-Alpes	18 Cher	29 Finistère	42 Loire
6 Alpes-Maritimes	19 Corrèze	30 Gard	43 Haute-Loire
7 Ardèche	20 Corse (bis 1975)	31 Haute-Garonne	44 Loire-Atlantique
8 Ardennes	2A Corse-du-Sud	32 Gers	45 Loiret
9 Ariege	2B Haute-Corse	33 Gironde	46 Lot
10 Aube	21 Côte-d'Or	34 Hérault	47 Lot-et-Garonne
11 Aude	22 Côtes d'Armor	35 Ille-et-Vilaine	48 Lozère
12 Aveyron	23 Creuse	36 Indre	49 Maine-et-Loire

Frankreich im Zeitalter Ludwig XIV.
1661–1715

Legend:

- Erwerbungen im 1. Eroberungskrieg 1667/68 (Friede von Aachen 1668)
- Erwerbungen im 2. Eroberungskrieg 1672–1678 (Friede von Nimwegen)
- Erwerbungen im 3. Eroberungskrieg und Reunionspolitik (Friede von Rijswik 1697)
- Lothringen und Bar 1670–1697 fr. besetzt
- – – – Grenze Frankreichs 1714
- .... Grenze Frankreichs seit der Machtübernahme der Bourbonen 1589
- X Schlacht im span. Erbfolgekrieg 1701–1714
- ● Sitz von Intendanten

Map labels:

Vereinigte Niederlande, Amsterdam, Rijswijk, Deutsches Reich, Rhein, Brüssel, Aachen, Span. Niederlande, Maas, Mosel, Artois, Amiens, Luxemburg, Kanalinseln engl., Rouen, Soissons, Reims, Caen, Seine, Marne, Châlons-s-M., Hzm. Bar, Normandie, Versailles, Paris, Bretagne, Rennes, Alençon, Lothringen, Orléans, Loire, Blois, Dijon, Besançon, Basel, Nantes, Tours, Burgund, Franche Comté, Schweiz, Poitiers, Moulins, Gft. Charolles 1684, Kgr. Frankreich, La Rochelle, Limoges, Riom, Genf, Atlantischer Ozean, Saintes, Auvergne, Lyon, Hzm. Savoyen, Grenoble, Dauphin, Bordeaux, Dordogne, Guyenne, Gft. Venaissin, Garonne, Montauban, Languedoc, Avignon, Rhône, Auch, Gascogne, Toulouse, Provence, Aix, Nizza, Pau, Toulon, Kgr. Spanien, Roussillon, Perpignan, Mittelmeer

0 50 100 150 km

LITERATURHINWEISE

Curtius, Ernst Robert / Bergsträsser, Arnold: Frankreich. Stuttgart u. Berlin 1931, 2 Bde.

Große, Ernst Ulrich / Lüger, Heinz-Helmut: Frankreich verstehen. Eine Einführung mit Vergleichen zu Deutschland. Darmstadt 2000 (5. Aufl.)

Grosser, Alfred: Wie anders ist Frankreich? München 2005

Kaelble, Hartmut: Nachbarn am Rhein. Entfremdung und Annäherung der französischen und deutschen Gesellschaft seit 1880. München 1991

Rovan, Joseph: Zwei Völker, eine Zukunft. Deutsche und Franzosen an der Schwelle des 21. Jahrhunderts. München 1996

Waechter, Matthias: Der Mythos des Gaullismus. Heldenkult, Geschichtspolitik und Ideologie 1940 – 1958. Göttingen 2006

Willms, Johannes: Gebrauchsanweisung für Frankreich. München u. Zürich 2005

BILDNACHWEIS

dpa Picture-Alliance, Frankfurt am Main: S. 117

Folgende Abbildungen stammen aus dem Archiv des Autors:
S. 26, 45, 58, 83, 87, 160

Karten © Peter Palm, Berlin: S. 188, 189, Vorsatzpapiere

Leider war es nicht in allen Fällen möglich,
die Inhaber der Rechte zu ermitteln.
Wir bitten deshalb gegebenenfalls um Mitteilung.
Der Verlag ist bereit, berechtigte Ansprüche abzugelten.

© Verlag C. H. Beck oHG, München 2009
Gestaltung und Satz: a.visus, Michael Hempel, München
Gesetzt aus Stone und Gill
Druck und Bindung: CPI – Ebner & Spiegel, Ulm
Gedruckt auf säurefreiem, alterungsbeständigem Papier
(hergestellt aus chlorfrei gebleichtem Zellstoff)
Printed in Germany

ISBN 978 3 406 57853 3

www.beck.de

London ●
Amsterdam ●
Berlin ●
Kopenh
Brüssel ●
Paris ●
Luxemburg
Pra
FRANKREICH
Wien
Bern ●
Madrid ●
Rom ●